Schauplätze
Berliner
Geschichte

Schauplätze Berliner Geschichte

Andrea Steingart

Mit einem Vorwort
von Klaus Hartung

DIE ZEIT

nicolai

Bildnachweis

akg-images 39, 83, 97, 101, 103, 126, 133
BPA 105
bpk 13 (Klaus Göken), 149 (Oskar Dahlke)
DGB 53
Giebel Verlag 20
Michael Haddenhorst 162
Landesarchiv Berlin 20, 25, 94, 110, 116, 123, 124, 137
Erik-Jan Ouwerkerk 17, 23, 33, 48, 55, 57, 59, 62, 64, 67, 70, 74, 77, 88, 91, 119, 140, 143, 145, 152, 159
The Story of Berlin 156
ullstein-bild 9, 26, 29, 30, 36, 43, 45, 51, 107, 109, 129
Monika Zucht 47, 121
© Karten: P. Meyer
Abbildungen auf dem Umschlag, von oben nach unten:
Kundgebung während der Blockade vor dem Deutschen Reichstag am 9. September 1948/akg-images
John F. Kennedy während seiner Rede vor dem Schöneberger Rathaus am 26. Juni 1963/akg-images
Das Fahrrad von Rudi Dutschke, nach dem Attentat am 11. September 1968/akg-images

Lektorat: Antonia Meiners
Layout: hawemannundmosch, Berlin
Satz und Repro: LVD, Berlin
Druck und Bindung: Bosch-Druck, Landshut

ISBN 3-89479-135-7

Inhalt

Klaus Hartung

Vorwort

Als Ort der Geschichte hat Berlin einen besonderen Reiz. Keinem Besucher, der die Stadt mit offenem Sinn durchwandert, wird die eigentümliche Mischung aus Irritation und Faszination entgehen. Dieser Geschichtsort ist vor allem ein Ort der Widersprüche. Einzigartig ist einerseits die unmittelbare, geradezu haptische Präsenz der Geschichte. Keine andere Stadt in Deutschland erinnert derart direkt an den Horror des 20. Jahrhunderts. Noch immer zeigen die Gebäude im historischen Zentrum Maschinengewehrspuren und Einschläge von Granaten, noch immer künden die Brandmauern und innerstädtischen Wüsteneien von der untergegangenen Stadt.

Andererseits gibt es kaum ein Gemeinwesen, das in der Nachkriegszeit so radikal dem Furor von Geschichtslöschung und Geschichtsvernichtung anheim gefallen war. Wer die Wilhelmstraße besucht, das einstige Regierungsviertel der Reichshauptstadt, kann sich die früheren Staatspalais gar nicht mehr vorstellen. Der sieht nur noch ein Edel-Plattenbau-Ensemble mit Vorstadtanmutung aus DDR-Zeiten.

Wir halten es für selbstverständlich, dass wir in Prag, Wien, Paris oder London ein erprobtes, traditionsbewehrtes Muster erkennen können. Stadtpanorama und Staatsansicht gehören da zusammen und sind ein fester Bestandteil der nationalen Identität. Berlin hingegen ist und war ein besonderer Fall. Die jüngste Hauptstadt Europas stand 1871 unter dem Zeichen der Verspätung einerseits; andererseits war sie der Zeit voraus. Die Entfesselung zur Industriemetropole hatte begonnen. Berlin war die Stadt der Moderne und der Traditionsvernichtung zugleich. Das wilhelminische Berlin drückte das klassizistische Berlin, das Spreeathen beiseite. Die Weimarer Zeit verwandelte die Stadt in ein Zentrum der Weltmoderne. Mit dem »Dritten Reich« begann nicht zuletzt die Geschichte der Stadtzerstörung, deren Dimensionen wir erst jetzt ihrer ganzen Totalität inne werden. Die Verfolgung und Vernichtung des Berliner Judentums war der Anfang vom Ende einer vitalen, weltoffenen

Stadtgesellschaft. Die Nachkriegszeit radikalisierte die Stadtzerstörung. Die größere Hälfte der Stadt, West-Berlin, verwandelte sich in eine Insel, fest umklammert von den Konstellationen der Weltgeschichte. Ost-Berlin wurde dem Programm einer Hauptstadtinszenierung unterworfen. Die Mauer schließlich wirkte wie ein Löschbefehl für den stadtgeschichtlichen Text. So gesehen ist ganz Berlin als Stadt selbst ein einziger Schauplatz der Geschichte.

Dieses Buch von Andrea Steingart hat den großen Vorteil, dass es die Last der Geschichte, die auf dieser Stadt liegt – und die auch lähmen kann – mindert, weil es unterhaltsam erzählt. Es verwandelt ihre Präsenz in Akte der Neugier. Es verführt, weil es ihm gelingt, aus Geschichte Geschichten zu machen. Es sind kleine epische Miniaturen. Es macht den komplizierten Stadttext lesbarer. Damit gehört es durchaus zum Zeitgeist des heutigen Berlins, zum neuen Genius Loci.

»Natürlich liegt die Zukunft Berlins in der Vergangenheit« – diese These formulierte Romano Burelli.Wer sich eine längere Zeit in Berlin aufhält, wird feststellen: Die Berliner sind dabei, ihre Stadt zu entziffern, zu dekodieren; sie identifizieren ihre historischen Schauplätze; sie beginnen, ihre Geschichte zu lesen. »Jeder ist hier Neuling.« Das sagte György Konrád. Tatsächlich ist es genau das, was Berlin gegenwärtig so anziehend macht. Jeder Neu-Berliner wird sofort zum gleichberechtigten Teilhaber einer grandiosen Anfangssituation. Doch ist dieses Buch mehr als ein Vademecum für Touristen. Es drückt jedem Leser gewissermaßen eine Art Schlüsselbund in die Hand, damit er sich Stadt erschließen und sich in ihr zu Hause fühlen kann. Vollständigkeit wird hier nicht geboten und auch nicht versprochen. Aber die historiographischen Kurzgeschichten werden die Lust nach mehr, nach eigenen Entdeckungen erwecken. Gleichwohl spiegeln sie den verrückten, widersprüchlichen und oft auch tragischen Grundcharakter Berlins. Sie fördern die Anteilnahme am Stadtschicksal. Ohne sie – auch das gehört zur Besonderheit der Stadt – wird man Berlin überhaupt nicht verstehen können.

Das Berlin der Kaiser und Revolutionäre

Die erste urkundliche Erwähnung Berlins stammt aus dem Jahr 1237. Günstig gelegen am flachen Übergang der Spree (Berlin bedeutet im Slawischen eine trockene Stelle am Wasser), über die alle wichtigen Handelsstädte erreicht werden konnten, war eine Kaufmannssiedlung entstanden. Die Händler zogen die Handwerker und Bauern an, die Stadt weitete sich rasch aus, und 1450 zählte man schon 6.000 Einwohner. Mit der Gründung Preußens durch Friedrich I. im Jahr 1701 war Berlin auch die Hauptstadt des neuen Königreichs. Infolge der fortschreitenden Industrialisierung entstanden Mitte des 19. Jahrhunderts Maschinenfabriken und Eisengießereien, Textilfabriken – Berlin entwickelte sich zu einem der bedeutendsten Gewerbezentren, das immer mehr Arbeitssuchende anzog. Die Bevölkerungszahl stieg von 29.000 im Jahr 1700 über 172.000 im Jahr 1800 auf 428.000 im Jahr 1850. Wohnungsnot und schlechte hygienische Verhältnisse waren die unvermeidliche Folge des raschen Wachstums. Die Mehrzahl der Familien lebte in tiefer Armut, denn die Löhne waren gering, und so mussten auch Frauen und Kinder in den Fabriken arbeiten. Dennoch reichte das Einkommen kaum zum Überleben. In der Stadt gärte es. 1848, als sich überall in Europa die Bürger gegen den herrschenden Adel erhoben, gingen auch die Berliner Handwerker, Arbeiter und Studenten für Freiheit, Gleichheit und Brüderlichkeit auf die Straße, forderten vom preußischen König Presse- und Versammlungsfreiheit, mehr politische Mitbestimmung und die Aufstellung einer Bürgerwehr. Friedrich Wilhelm IV. musste zunächst auf die Forderungen der Aufständischen eingehen, und wenige Wochen später schon traten die Abgeordneten der preußischen Nationalversammlung zusammen, um eine Verfassung auszuarbeiten. Doch der Sieg der Revolutionäre war nur von kurzer Dauer. Das Wiedererstarken der Reaktion in Wien und Paris ermunterte auch die Preußenmonarchie zum Gegenschlag. Am 5. Dezember 1848 wurde eine Verfassung von oben in Kraft gesetzt, die Nationalversammlung durch die Militärs auseinander getrieben. In der Stadt herrschte das Kriegsrecht. Die bürgerliche Revolution war gescheitert. Unaufhaltsam dagegen setzte sich der wirtschaftliche Aufschwung fort, infolgedessen verdoppelte sich zwi-

Abbildung S. 9: Januarkämpfe 1919 im Berliner Zeitungsviertel

schen 1850 und 1871 die Einwohnerzahl auf mehr als 800.000. Der steigende Bedarf an Wohnraum führte zu explodierenden Grundstückspreisen; Mietwucher und Obdachlosigkeit waren die Folge. 70.000 Berliner besaßen 1871 kein festes Dach über dem Kopf, sondern verfügten lediglich über eine »Schlafstelle«. Es waren das Milieu der Prostituierten und der Stadtstreicher, die Lebensumstände in den Arbeiterbezirken mit ihren Hinterhöfen und Eckkneipen, das der Maler Heinrich Zille um die Jahrhundertwende in seinen Zeichnungen festhielt. Und es war das Milieu, aus dem sich die Arbeiterbewegung rekrutierte. 1862 veröffentlichte Ferdinand Lassalle sein »Arbeiter-Programm«, 1868 wurde die erste Allgemeine Gewerkschaft gegründet, die schnell großen Zulauf erhielt. Der preußische Adel erkannte die Gefahr: Der 1862 vom Königshaus zum preußischen Ministerpräsidenten und 1871 zum Reichskanzler ernannte Otto von Bismarck verfolgte die gesellschaftlichen Gärungsprozesse mit großem Unbehagen. Er führte 1887 die Sozialversicherung in Deutschland ein, vor allem mit dem Ziel, die soziale Unruhe im Land unter Kontrolle zu halten. Nach dem Sieg im Deutsch-Französischen Krieg 1870/71 wurde am 18. Januar 1871 das Deutsche Reich unter Führung Preußens gegründet. König Wilhelm I. von Preußen wurde in Personalunion Deutscher Kaiser; Berlin war seitdem Reichshauptstadt. Der neu konstituierte Reichstag hatte nur sehr beschränkte Befugnisse. Von 1878 bis 1890 galt zudem das »Sozialistengesetz«, welches die sozialdemokratische Partei verbot und die Grundlage zur strafrechtlichen Verfolgung politisch engagierter Arbeiter lieferte.
Das Leben in der Metropole, in der 1880 bereits 1,1 Millionen und 1890 schon 1,5 Millionen Menschen wohnten, war zum einen von gesellschaftlichen Repressionen und zum anderen von zivilisatorischem Fortschritt gekennzeichnet: 1873 wurde mit dem Bau der Kanalisation und Wasserversorgung begonnen, 1882 wurden die ersten elektrischen Straßenlampen aufgestellt und 1902 konnte die erste U-Bahnstrecke in Betrieb genommen werden – die Einwohnerzahl erreichte nun die Zwei-Millionen-Grenze. Die soziale Lage blieb prekär. Die SPD stellte 1912 im Reichstag die zweitstärkste Fraktion – mit 74,9 Prozent der Stimmen erreichte sie in der Hauptstadt einen nie wieder erreichten Rekord. Ende Juli 1914 begann der Erste Weltkrieg. In den folgenden

Kriegsjahren kam es zu Hungersnöten, wilden Streiks und politischen Unruhen, die im Winter 1918 zur Novemberrevolution und zum Ende des Krieges führten. Kaiser Wilhelm II. dankte ab und floh nach Holland. Innerhalb weniger Stunden riefen Philipp Scheidemann von der SPD die »Deutsche Republik« und etwas später Karl Liebknecht vom Spartakusbund die »Freie Sozialistische Republik« aus. Die demokratischen Kräfte siegten, aber die Kommunisten wurden regelrecht gejagt. Im Januar 1919 fielen Rosa Luxemburg und Karl Liebknecht einem von Soldaten verübten Mordanschlag zum Opfer. Der Putsch-Versuch des rechtsradikalen, ostpreußischen »Generallandschaftsdirektors« Wolfgang Kapp im März 1920 konnte zwar abgewehrt werden, die Polarisierung aber blieb. Die junge Weimarer Republik kam nicht zur Ruhe. Streiks und politische Attentate erschütterten die Republik. Am 24. Juni 1922 wurde auf offener Straße in Berlin-Grunewald Außenminister Walther Rathenau erschossen.
Einzig im Kulturleben der Hauptstadt war ein Aufschwung zu verzeichnen. Künstler, Intellektuelle und Literaten wie Bertolt Brecht, Alfred Döblin oder Gerhart Hauptmann machten in der Weltmetropole von sich reden, die mit ihren 35 Schauspielbühnen, 20 Konzertsälen und 150 Tages- und Wochenzeitungen eine in Europa einmalige Vielfalt hervorbrachte. Schnell war von den »Goldenen Zwanzigern« die Rede. Das einfache Volk spürte davon jedoch nicht viel. Die große Zahl unzufriedener Soldaten, verarmter Mittelständler und das anschwellende Heer der Arbeitslosen standen der Demokratie unversöhnlich gegenüber. Die Wirtschaftskrise ließ die extremen Parteien, rechts wie links, anwachsen. Vor allem die NSDAP erlebte einen rasanten Aufstieg – von einer Splittergruppe zur Massenbewegung. Ihr Statthalter, der gebürtige Rheinländer Joseph Goebbels, hatte die Mitgliederzahlen und die Wählerstimmen deutlich steigern können, wenn auch in Berlin nicht so kometenhaft wie im übrigen Deutschland. In der Arbeiterstadt Berlin hat es die Hitler-Truppe nie zur stärksten Partei gebracht – allerdings: während die NSDAP bei den Reichstagswahlen im Mai 1928 in Berlin nur 1,6 Prozent der Stimmen erhielt, gelang es ihr, bei den letzten freien Wahlen im November 1932 mit einem Stimmanteil von 26 Prozent hinter der KPD zur zweitstärksten Partei aufzusteigen.

Renate Künast

Königin Luise – ein Stern in Wetterwolken

1

Die Prinzessinnengruppe von Johann Gottfried Schadow (Ausschnitt)

Nur wenigen Frauen ist es gelungen, sich namentlich im Stadtbild Berlins zu verewigen. Die preußische Königin Luise (1776–1810) gehört dazu. Nach ihr wurden Straßen und Plätze, Schulen und Kirchen, und Anfang des 19. Jahrhunderts sogar ein ganzer Stadtteil benannt. Königin Luise war schon zu Lebzeiten ein Star, und ihre Popularität hält sich bis heute. Ich bin ihr begegnet, lange bevor ich Berlin zu meiner Wahlheimat machte: Ein Bild von ihr zierte das Schlafzimmer meiner Großmutter in Thüringen. Bis heute finden sich Porträts von Luise und Repliken der berühmten »Prinzessinnengruppe« in vielen Wohnungen. Das Originalmodell dieser Plastik, die von Johann Gottfried Schadow geschaffen wurde, steht in der Friedrichswerderschen Kirche. Sie zeigt Luise in ungezwungener Pose mit ihrer Schwester Friederike. Beide tragen hauchdünne, fast durchsichtige Gewänder, die dem griechischen Stil nachempfunden waren. Diese Freizügigkeit entsprach nicht den damaligen Gepflogenheiten, zumal Schadows Bemerkung, er habe die »erforderlichen Maße nach der Natur nehmen dürfen«, Anlass für zahlreiche Gerüchte gab. So fristete die Skulptur lange Zeit ihr Dasein in Schadows Atelier und wurde schließlich für etliche Zeit in die dunkelste Ecke des Berliner Stadtschlosses verbannt.

Verlässt man die andächtige Ruhe der Skulpturensammlung in der Friedrichswerderschen Kirche, gelangt man nach wenigen Schritten zum Kronprinzenpalais, wo Luise mit ihrem Mann, Friedrich Wilhelm III., entscheidende Jahre ihres Lebens verbrachte. Kaum etwas könnte die Unterschiedlichkeit des Paares besser charakterisieren als die Einrichtung: Während Luise das kostbarste Zimmer bezog und hinter goldgeränderten Seidenvorhängen nächtigte, bewohnte Friedrich Wilhelm ein sparsam möbliertes Zimmer und schlief auf einem Feldbett. Während er für preußische Disziplin, Ordnungsliebe und Pedanterie stand, war sie nicht gerade die Verkörperung preußischer Tugenden: unpünktlich, unordentlich und für ihre ungezügelte Tanzeslust bekannt.

Und dennoch war die Heirat von Luise und Friedrich Wilhelm eine – für die damalige Zeit ungewöhnliche – Liebesheirat. Mit dieser Tatsache, und auch durch seine Befürwortung liberaler Reformen und seine Volksnähe entsprach das Paar dem Geschmack des sich emanzipierenden Bürgertums.

Die Schlüsselszene für Luises Aufstieg zur Volksheldin spielte sich Unter den Linden, an der Frontseite des Kronprinzenpalais ab. Hier zog Luise 1793 unter dem Jubel der Massen wenige Tage vor ihrer Hochzeit in Berlin ein. Luise beugte sich zu einem Mädchen hinunter, das ihr einen Blumenstrauß überreichte, und küsste es. Und während die adlige Gesellschaft ob dieser Verletzung der Etikette den Atem anhielt, war Luise für das Volk von diesem Tag an ihre »Königin der Herzen«.

Ihrer Überhöhung als Inbegriff weiblicher Zurückhaltung, als »preußische Madonna« wurde sie in der Realität allerdings nicht gerecht. Schon früh wurde sie zur wichtigsten Vertrauten ihres Mannes. So sorgte sie dafür, dass ihr in diplomatischen und politischen Dingen ungeschickter Mann mit Reichsfreiherr vom und zum Stein und Freiherr von Hardenberg kluge Berater bekam. Auch ihre Versuche, ihren zögerlichen Mann, der als Pazifist an der Neutralität Preußens festhielt, zu einem Bündnis mit den »Kriegsparteien« Österreich und Russland gegen Napoleon zu bewegen, entsprechen kaum dem Klischee friedfertiger Weiblichkeit.

Renate Künast

Dieser Rat war mindestens fragwürdig. Denn in letzter Minute gab Friedrich Wilhelm tatsächlich seine Neutralität auf, verlor aber dann den Krieg gegen Napoleon. Gerade in dieser Zeit stieg Luise zu seiner Beraterin auf. Der Höhepunkt ihrer politischen Einflussnahme war zweifellos erreicht, als sie 1807 mit Napoleon zusammentraf, um die Teilung Preußens nach dem verlorenen Krieg zu verhindern. Luises Verhandlungsgeschick soll Napoleon beeindruckt haben. Doch umstimmen konnte sie ihn nicht.

Dennoch hat ihr resolutes Auftreten gegenüber Napoleon sicherlich dazu beigetragen, dass sie zur Symbolfigur, gar zur Inkarnation Preußens wurde. So soll Feldmarschall Blücher 1814 beim Blick vom Montmartre auf das besiegte Paris gerufen haben: »Luise ist gerächt.« Und vielleicht stand ihr »unpreußischer« Charakter dieser Verklärung gar nicht im Weg – ganz im Gegenteil. Denn Luise befriedigte das Bedürfnis der Preußen nach Lebenslust und Glanz, das die Strenge des preußischen Hofes sonst nicht bieten konnte. Und so vermutet auch einer ihrer Biographen, Heinz Ohff: »Vielleicht verkörpert Luise das unwirkliche, das Traum-Preußen, wie es sein sollte. Keine preußische Realität, aber doch … ein preußisches Märchen.«

Ein zentrales Motiv des Luisen-Kultes war auch die Stilisierung ihres Leidens. Das von Krieg und Hunger heimgesuchte Volk konnte sich so aufs engste mit ihr verbunden fühlen. Das Bild im Schlafzimmer meiner Großmutter war mit dem folgenden Vers Johann Wolfgang von Goethes versehen: »Wer nie sein Brot mit Tränen aß/Wer nie die langen kummervollen Nächte/Auf seinem Bette weinend saß/Der kennt euch nicht, ihr himmlischen Mächte.« Diesen Spruch soll Luise an die Fensterscheibe ihres ärmlichen Winterquartiers im ostpreußischen Exil geschrieben haben. Und spätestens seit ihrer Rückkehr nach Berlin wurde Luise zur Hoffnungsträgerin eines gedemütigten Volkes, zur Ikone des preußischen Widerstandes gegen die französische Besatzung. Auch für Heinrich von Kleist, der ihr zu ihrem 34. Geburtstag folgende Zeilen widmete:

»Dein Haupt scheint wie von Strahlen mir umschimmert;
Du bist der Stern, der voller Pracht erst flimmert,
Wenn er durch finstre Wetterwolken bricht!«

Luise wurde zur Sinnstifterin einer Zeit des Umbruchs. Und wer aus der Friedrichswerderschen Kirche hinaustritt, wird feststellen, dass auch wir in einer solchen Zeit leben. Nirgendwo sonst wird das deutlicher als auf dem Schlossplatz – sicherlich der umstrittenste Platz Berlins: Um seine Zukunft, den möglichen Wiederaufbau des Schlosses und den Abriss des »Palastes der Republik«, also der ehemaligen Volkskammer der DDR, findet seit Jahren ein zähes Ringen statt. Ein Ort, an dem sich Geschichte verdichtet und an dem sich zeigt, dass diese Zeit des Umbruchs noch nicht zu Ende ist, dass die neue Hauptstadt Berlin ihre Identität noch nicht gefunden hat. Schon alleine deshalb sollte ein Spaziergang in und um die Friedrichswerdersche Kirche zum Standardprogramm eines Berlin-Besuches werden.

→ **Friedrichswerdersche Kirche**
Werderscher Markt, 10117 Berlin-Mitte
U-Bhf. Hausvogteiplatz (U 2); Bus TXL; 143, 147, 148; 100, 200, 348
Museum: Tel. 208 13 23, www.smb.spk-berlin.de
Geöffnet Dienstag bis Sonntag 10–18 Uhr
Eintritt: 3 €, ermäßigt 1,50 €

Humboldt-Universität und Weltrevolution

2

In der Eingangshalle der Universität

Er war einer ihrer berühmtesten Studenten: Von 1836 bis 1841 studierte der Philosoph und Mitbegründer des Wissenschaftlichen Sozialismus Karl Marx an der Humboldt-Universität, die damals noch Friedrich-Wilhelms-Universität hieß. Sein Satz »Die Philosophen haben die Welt nur verschieden interpretiert, es kommt aber darauf an, sie zu verändern«, ist seit 1953 in goldenen Lettern auf dem roten Marmor in der Eingangshalle zu lesen. Zu DDR-Zeiten stand dort auch eine Marx-Büste, die jedoch 1990 in den Kellern der Universität verschwunden ist. Karl Marx immatrikulierte sich als Achtzehnjähriger am 22. Oktober 1836 an der juristischen Fakultät. Allerdings interessierte ihn das

Studium nicht besonders, während seiner neun Semester soll er nur zwölf Vorlesungen besucht haben. Das Jurastudium war der Wunsch seines Vaters gewesen, »ich mußte Jurisprudenz studieren und fühlte vor allem den Drang, mit der Philosophie zu ringen«, sagte Marx später. Und so ging er lieber in den nur einige hundert Meter von der Universität gelegenen »Doktorklub«, einen beliebten Treffpunkt liberaler Literaten und Schriftsteller, und knüpfte Kontakte zu Hegelianern, den Anhängern der idealistischen Philosophie Georg Wilhelm Friedrich Hegels.

Neunmal ist Marx während seiner Berliner Zeit umgezogen. Das einzige noch heute erhaltene Wohnhaus steht in der Luisenstraße 60 in Berlin-Mitte, dort wohnte er vom Herbst 1838 bis zum Frühjahr 1839. Am 30. März 1841 bekam Marx von der Universität sein Abschlusszeugnis: »Hinsichtlich seines Verhaltens auf der hiesigen Universität ist in disciplinarischer Hinsicht nichts besonders Nachteiliges zu bemerken«, war großzügig formuliert, denn immerhin hatte sich der Student Marx einmal duelliert und war wegen Trunkenheit und ruhestörenden Lärms zu einer Karzerstrafe verurteilt worden. Marx, seit fünf Jahren mit Jenny von Westfalen verlobt, verließ Berlin und promovierte in Abwesenheit noch schnell in Jena zum Dr. phil.

Im Herbst desselben Jahres kam auch zum ersten Mal ein einundzwanzigjähriger Fabrikantensohn aus Barmen nach Berlin: Friedrich Engels, den später eine lebenslange, enge Freundschaft mit Marx verbinden wird. Für ein Jahr diente Engels als Freiwilliger im Gardefußartillerie-Regiment, besuchte, wann immer er Zeit dafür fand, Vorlesungen an der Universität, und war, wie zuvor schon Marx, regelmäßig im »Doktorklub« zu Gast. Eher flüchtig sahen sich Marx und Engels das erste Mal im November 1842 in Köln. Erst im August 1944, als sie sich in Paris begegneten, lernten sie sich die beiden Deutschen gründlich kennen. Wenig später begannen sie gemeinsam zu publizieren. 1848 erschien das »Kommunistische Manifest«, in dem sie die bürgerliche Gesellschafts- und Wirtschaftsordnung kritisierten und das internationale Proletariat zum Klassenkampf aufriefen.

1861 kehrte Marx noch mal nach Berlin zurück und war elf Tage zu Gast bei dem damals sechsunddreißigjährigen Ferdinand Lassalle in der Bellevuestraße, um mit ihm über die Gründung einer revolutionären Zeitschrift zu sprechen. Weil sie sich nicht über die Kompetenzen einigen konnten, scheiterte das Projekt. In seiner Staats- und Gesellschaftstheorie stimmte Lassalle mit den Ideen von Marx überein, doch wollte er gesellschaftliche Veränderungen über demokratische Wahlen erreichen – im Gegensatz zu Marx, der die Auffassung vertrat, dass dies nur durch die proletarische Revolution geschehen könne. Lassalle gründete am 23. März 1863 den Allgemeinen Deutschen Arbeiterverein, der 1875 in der Sozialdemokratischen Arbeiterpartei aufging, aus der sich 1890 die Sozialdemokratische Partei Deutschlands (SPD) bildete. Als Lassalle am 31. August 1864 im Alter von vierzig Jahren an den Folgen eines Duells starb, schrieb Marx über ihn: »Er starb jung, im Triumph, ein Achilles.« Marx gilt weltweit als einer der größten Theoretiker der bürgerlichen Gesellschaft und entschlossener Kritiker des Kapitalismus. Neben dem »Kommunistischen Manifest« ist das »Kapital« sein wohl bekanntestes Werk. Doch das Geld, das er mit seinen Büchern verdiente, reichte für ihn, seine Frau und seine sechs Kinder – fünf eheliche und ein uneheliches mit der Hausangestellten der Familie – nur selten zum Leben. Marx war meist auf die Unterstützung seines wohlhabenden Freundes Engels angewiesen. Der in Trier geborene Karl Marx starb am 14. März 1883 im Alter von 65 Jahren in London an Lungentuberkulose.

Humboldt-Universität
Unter den Linden 6, 10117 Berlin-Mitte
U- und S-Bhf. Friedrichstraße; Bus 100, 200, 348

Barrikadenkampf in Berlin-Mitte

3

Barrikade am Cöllnischen Rathaus, 18. März 1848

Am Mittag des 18. März 1848 betrat der preußische König Friedrich Wilhelm IV. den Balkon des Berliner Stadtschlosses und kündigte der auf dem Platz versammelten Menschenmenge längst überfällige demokratische Reformen an. Er hoffte so, den Ausbruch einer drohenden Revolution in Berlin verhindern zu können. Schon am frühen Morgen hatten sich Arbeiter, Handwerker, Studenten, Frauen und Kinder hier zusammengefunden, um ihren Forderungen Nachdruck zu verleihen. Überall in Deutschland war es in den ersten Monaten des Jahres 1848 zu revolutionären Erhebungen gekommen, Arbeiter und Bürger forderten die Einberufung eines Parlaments, Pressefreiheit und die Aufstellung einer Bürgerwehr. In Berlin kam es während der Demonstrationen in den ersten Märztagen immer wieder zu Zusammenstößen zwischen Demonstranten und den königlichen Truppen, deshalb verlangten die Berliner den Abzug des Militärs aus der Stadt. »Die Soldaten fort! Das Militär zurück!« riefen sie dem König zu. Die Stimmung drohte zu eskalieren. Zwar gab Friedrich Wilhelm IV. den Befehl, den Schlossplatz gewaltfrei zu räumen, doch seine Kavallerie schwang ihre Säbel, es fielen von irgendwoher zwei Schüsse. Die Menschen auf dem Schlossplatz flohen in die umliegenden Straßen, bauten Barrikaden und erwiderten die Gewalt mit Gegengewalt. Die Innenstadt, der heutige Flanierbezirk Berlin-Mitte, entwickelte sich zum Kampfplatz. Von der Königstraße, heute Rathausstraße, bis zum Alexanderplatz, von der Breiten Straße über den Hausvogteiplatz zur Tauben- und Jägerstraße bis hin zum Oranienburger Tor wurden über 100 Barrikaden errichtet. Unter den Aufständischen befand sich auch der damals neunundzwanzigjährige Apotheker Theodor Fontane, der später als Schriftsteller Berühmtheit erlangte. Er versuchte mit anderen, eine Barrikade vor dem Königstädtischen Theater zu verteidigen. Über seine Mitkämpfer notierte er: »Ein Arbeiterhaufen, lauter ordentliche Leute, nur um sie herum etliche verdächtige Gestalten.« Fontanes Waffe war ein Karabiner, mit Bajonett und Lederriemen, den er sich aus dem Fundus des Königstädtischen Theaters besorgt hatte. Nur fehlten ihm die Kugeln für den Karabiner: »Kleinlaut zog ich mich von der Straße zurück und ging auf mein Zimmer; Berufspflichten gab es nicht, man konnte in diesen Tagen tun, was man wollte.« Der damals siebenundzwanzigjährige Arzt und engagierte Politiker Rudolf Virchow verteidigte die Barrikade in der Tauben-/Ecke Friedrichstraße. In einem Brief an seinen Vater schrieb er am 18. März 1848: »Ich habe einige Barrikaden bauen helfen, dann aber, da ich nur ein Pistol bekommen hatte, nicht wesentlich mehr nützen können.«

Aufgrund des heftigen Widerstands der Berliner wurden am späten Nachmittag des 19. März die Soldaten des preußischen Königs zurückgezogen. Das Volk hatte – vorerst – gesiegt. Am nächsten Tag trug man die Gefallenen zum Schlossplatz: 132 Arbeiter und Handwerksgesellen, 15 Angestellte, neun Handwerksmeister, sechs Akademiker, fünf Kaufleute, fünf Beamte, zwei Künstler, ein Gastwirt, sieben Frauen, ein Kind –

183 Aufständische. Mit entblößtem Haupt musste der Preußenkönig sich vor ihnen verneigen, bevor sie für drei Tage auf dem Gendarmenmarkt aufgebahrt wurden. Am 22. März fand ihre Beerdigung auf einem Friedhof am Friedrichshain statt; ein Gedenkstein für die Märzgefallenen befindet sich am Südrand des heutigen Volksparks Friedrichshain. Doch wenige Tage nach dem Sieg des Volkes kehrten die königlichen Soldaten in die Stadt zurück. Friedrich Wilhelm IV., der versprochen hatte auf die Forderungen der Bürger einzugehen, setzte einen adligen preußischen General als Stadtkommandanten ein. Der Revolutionskampf war abgeklungen, ohne dass die Monarchie wirkliche Zugeständnisse hatte machen müssen. Friedrich Engels sagte später: »Das Volk hat gesiegt, es hat sich Freiheiten entschiedener demokratischer Natur erobert; aber die unmittelbare Herrschaft ging über, nicht in seine Hände, sondern in die der großen Bourgeoise. Mit einem Wort, die Revolution war nicht vollendet.«

→

Barrikadenstandorte 1848
Jägerstraße, 10117 Berlin-Mitte
Tauben-/Ecke Friedrichstraße, 10117 Berlin-Mitte
U-Bhf. Französische Straße (U 6) und Stadtmitte (U 2 und U 6)
Bus TXL

Friedhof der Märzgefallenen
Landsberger Allee, 10249 Berlin-Friedrichshain,
südöstlich im Volkspark Friedrichshain nahe dem Krankenhaus
Tram 5, 6, 7, 8; Bus 140, 340

Lenin in Berlin – Revolutionär in Ausbildung

4

Die ehemalige Königliche Bibliothek

Zehnmal war Wladimir Iljitsch Lenin zwischen 1895 und 1917 in Berlin. Wie in Genf und Paris nahm er in der deutschen Reichshauptstadt Kontakt zur den im Exil lebenden russischen Sozialrevolutionären auf, studierte die Arbeiterbewegung Westeuropas und machte sich mit der im zaristischen Russland verbotenen sozialistischen Literatur vertraut. Die Spuren Lenins, des einflussreichsten unter den kommunistischen Revolutionären, der als Staatsgründer der Sowjetunion Geschichte schrieb, und den die SED als den »bedeutendsten Führer des Weltproletariats« feierte, sind in Berlin längst beseitigt. Entweder durch die beiden Kriege oder durch die West-Berliner Behörden, die alle

Einstige Gedenktafel an der »Kommode«

Denkmäler und Gedenktafeln nach 1990 entfernen ließen.

Das kaiserliche Berlin, in das er als fünfundzwanzigjähriger Anwalt Anfang August 1895 zum ersten Mal gekommen war, beeindruckte Lenin. Er schätzte das Organisationstalent der Deutschen – die perfekt funktionierende Deutsche Post sah er als Vorbild für die Organisierung eines künftigen kommunistischen Staates in Russland –, er war angetan von der Disziplin deutscher Arbeiter, ihren Parteien und Verbänden. Er fühlte sich wohl in der deutschen Metropole. »Berlin gefällt mir«, schrieb er an seine Mutter, »ich schlendere abends durch die Gegend und studiere die Berliner Sitten.« Als Untermieter wohnte Lenin in der Flensburger Straße 12, heute Flensburger Straße 22, bei einer gewissen Frau Kurreick. In einem Brief an seine Mutter vom 10. August 1895 heißt es: »Ich bin hier gar nicht schlecht untergekommen; es sind nur wenige Schritte zum Tiergarten, einem herrlichen Park, dem schönsten und größten von Berlin, zur Spree, in der ich täglich bade, und zur Stadtbahnstation.« Auch die Theaterszene interessierte ihn, am 8. August 1895 besuchte er die historisch bedeutsame Aufführung der »Weber« von Gerhart Hauptmann im Deutschen Theater. Lenin trug sich an der Königlichen Bibliothek ein, die heute ein Teil der Humboldt-Universität ist. Hier studierte er u. a. die Werke von Karl Marx und Friedrich Engels.

Am 19. September endete sein erster Aufenthalt in der Stadt. Er fuhr zurück nach St. Petersburg, im Gepäck marxistische Literatur, die er mit Hilfe eines doppelten Bodens in seinem Koffer nach Hause schmuggelte. Noch im selben Jahr gründete Lenin mit dem späteren Menschewikenführer Jurij Martow den »Kampfbund zur Befreiung der Arbeiterklasse«, der dann in der »Sozialdemokratischen Partei Rußlands« aufging. Schon 1903 jedoch spaltete sich die Partei in die sozialdemokratischen Menschewiki und die kommunistischen Bolschewiki unter Lenin.

Lenin, der mit bürgerlichen Namen Uljanow hieß und sich den Decknamen ab 1900 zulegte, kam in den folgenden Jahren immer wieder nach Berlin, traf sich mit deutschen Linken. Das letzte Mal sah Lenin am

12. April 1917 die Stadt, allerdings war dies kein Besuch, sondern eine Durchreise, die später für weltweites Aufsehen sorgte. Um den Kriegsgegner Russland zu schwächen, hatte die deutsche Regierung die russischen Revolutionäre finanziell unterstützt und einen Sonderzug organisiert. In einem plombierten Salonwagen transportierten sie Lenin und 31 weitere russische Emigranten samt ihren Ehefrauen und Kindern aus der Schweiz nach Finnland. Von dort ging es weiter nach Petrograd (St. Petersburg). Der plombierte Sonderzug passierte, begleitet von deutschen Offizieren, gegen Viertel nach sieben morgens den Stettiner Bahnhof, heute Nordbahnhof.

Am 7. November 1917 verkündete Lenin nach einem von Leo Trotzki erfolgreich organisierten Putsch gegen die bürgerliche provisorische Regierung, die seit der Abdankung des Zaren in der Februarrevolution an der Macht war, den Sieg der bolschewistischen Oktoberrevolution. Die Regierung übernahm der Rat der Volkskommissare unter Lenins Führung. Schon tags darauf verfügte er die Enteignung von Grund und Boden. Mit Terror und einer Reihe repressiver Maßnahmen wie Aufhebung der Pressefreiheit und Gründung der Staatssicherheitsorganisation Tscheka sowie der Roten Armee sicherte er die Macht der Bolschewiki. Im August 1918 überlebte Lenin nur knapp das Attentat einer Sozialrevolutionärin, an deren Spätfolgen er monatelang litt. Am 24. Januar 1924 starb er in der Nähe von Moskau an seinem dritten Schlaganfall.

In Ost-Berlin wurde seiner einst an zahlreichen Orten mit Erinnerungstafeln gedacht; am Leninplatz, heute Platz der Nationen, enthüllte man 1970 ein sechs Tonnen schweres, 19 Meter hohes Denkmal. Die Granit-Figur wurde nach der Wiedervereinigung abtransportiert und zersägt, wie andere Lenin-Denkmäler auch – die Aufräumarbeiten nach der Wende kamen im Falle Lenins einer Säuberung gleich.

→ **Ehemalige Königliche Bibliothek »Kommode«**
heute Gebäude der Humboldt-Universität
Bebelplatz, 10117 Berlin-Mitte
U- und S-Bhf. Friedrichstraße; Bus 100, 200, 348

5

Ein Berliner Original – Heinrich Zille

Heinrich Zille mit seiner Familie in der Charlottenburger Wohnung

An Kosenamen war kein Mangel: »Vater Zille«, »Professorchen« oder auch »Pinselheinrich« wurde der Volksmaler, Zeichner und Fotograf Heinrich Zille genannt, der das Berliner Arbeiter- und Hinterhofmilieu der Jahrhundertwende berühmt gemacht hat. 37 Jahre lebte er im 4. Stock der Sophie-Carlotten-Straße 88. »Meine erste eigene Wohnung war im Osten Berlins, im Keller; nun sitze ich schon im Berliner Westen, vier Treppen hoch, bin also auch gestiegen«, sagte er über sein Zuhause, in dem er mit Frau und drei Kindern lebte. 99 Stufen führten hinauf zu der Wohnung, die ein Reporter der damaligen Lokalzeitung, des Acht-Uhr-Blatts, als »altmodisch und kleinbürgerlich« beschrieb. »Möbel aus

den achtziger Jahren, Vertiko, Sekretär, Kommode überladen mit Krimskrams, Muscheln, Döschen, Büchsen, Nippesfiguren, über der eine Bronze-Plastik hängt, Zille selbstdarstellend«, hieß es in der Ausgabe vom 24. Januar 1914. »Überall muß wat ruffjestellt sein, sonst isses nich jemütlich«, war Zilles Meinung.
Sein Leben war die Straße, die verheerenden Wohnverhältnisse und sozialen Missstände in den Arbeiterbezirken das Thema seiner Arbeit: verwahrloste Kinder, notleidende Frauen, das Elend in den Hinterhöfen der Mietskasernen. Er zeichnete, wie er es nannte, den fünften Stand, die Vergessenen.
»Seine Figuren waren wie sie waren«, so Rolf Kremming in seiner Biographie über Zille, »ohne Schnörkel, ohne Maske, ohne kosmetische Verschönerungen. Mit großem handwerklichen Können und der Gabe, mit nur wenigen Linien komplexe Bewegungsabläufe und ganze Geschehnisse festhalten zu können. Er besaß zeichnerisches Gefühl für die Wirklichkeit der Szenen.« Dabei pointierte er seine Werke häufig mit markanten Untertiteln, wie zum Beispiel bei der Zeichnung vom »Wurstmaxe mit den Kindern«, die er mit der Zeile »Reißt die Neesenlöcher nich so weit uff! Ihr zieht mir den ganzen Duft von der Wurscht weg!« versah. Oder das Bild der verzweifelten jungen Mutter, die mit ihrem Kind ins Wasser geht, um Selbstmord zu begehen, das von den Worten begleitet wird: »Mutter isset ooch nich kalt? Nee, laß man, die Fische leben ja ooch drin.« Zille zeichnete das Elend, über das andere lieber hinwegsahen. Es ins Komische zu ziehen war für ihn der Weg, darauf aufmerksam zu machen. Doch seine Bilder waren nicht komisch gemeint. »Wer über meine Witze lacht, hat se nich verstanden«, sagte Zille. Er, der selbst in ärmlichsten Verhältnissen aufgewachsen war, half den notleidenden Berlinern auch direkt, brachte Essen, zahlte Arztrechnungen oder gab ihnen Geld.
Rudolf Heinrich Zille, 1858 im sächsischen Radeburg geboren, kam mit seinen Eltern und seiner vier Jahre älteren Schwester als Neunjähriger nach Berlin. Mit dem Zeichnen fing er im Alter von zwölf Jahren an. Einmal pro Woche ging er in eine Zeichenschule, das Geld dafür – einen Taler im Monat – musste er sich durch kleine Jobs verdienen. Mit vierzehn verließ er die Volksschule und begann eine dreijährige Ausbildung

zum Lithographen in der Alten Jakobstraße in Berlin-Mitte, zweimal in der Woche studierte er abends an der »Königlichen Kunstschule« und besuchte darüber hinaus noch zweimal einen Kursus, wo er das anatomische Zeichnen, also die Aktzeichnung, übte. Lange Zeit betrieb Zille die Zeichnerei, wie er selber sagte, als Hobby.

Der Öffentlichkeit präsentierte er seine Bilder zum ersten Mal 1901, damals war er schon 43 Jahre alt. In einer Ausstellung mit anderen, renommierten Künstlern stellte er einige seiner Schwarz-Weiß-Zeichnungen in der Berliner Secession in der Kantstraße aus – mit mäßigem Erfolg, denn die Besucher waren entsetzt über die Darstellung des Elends. »Da standen vor den Bildern viele Menschen; und ich hörte, als ich mal lauschte, wie ein älterer Herr, wie es schien, Militär in Zivil oder Hauptmann an der Majorsecke, zu einer Dame sagte: ›Der Kerl nimmt einem ja die ganze Lebensfreude‹ – da schämte ich mich, so verstanden worden zu sein«, sagte Zille später.

1907 wurde dem damals Neunundvierzigjährigen nach dreißigjähriger Tätigkeit in der »Photographischen Gesellschaft« gekündigt – jüngere Arbeitskräfte waren billiger und schneller. »Ich habe schließlich keine Versorgungsanstalt«, soll sein damaliger Chef gesagt haben.

Zille widmete sich nun ganz der Kunst. Ein Jahr später, 1908, erschienen seine ersten Bücher »Berliner Rangen« und »Kinder der Straße«. Er zeichnete für die »Lustigen Blätter« und den Münchner »Simplicissimus«. Richtig bekannt wurde Zille 1910 mit der Zeichnung »Die umgestürzte Droschke«, für die er den mit 3.000 Mark dotierten Menzelpreis gewann. Weitere Bücher, wie »Das Milljöh« oder »Rund um's Freibad«, entstanden, Zille-Filme wurde gedreht, Zille-Bälle veranstaltet. Seine Zeichnungen wurden immer populärer, er selbst war zum Liebling der Berliner geworden. Ab 1921 hingen 150 seiner Bilder in der Nationalgalerie. 1924 wurde ihm auf Vorschlag von Max Liebermann von der Preußischen Akademie der Künste die Mitgliedschaft und Professur angeboten, die Zille nach anfänglichem Zögern annahm. Auch die Künstlerin Käthe Kollwitz und der Schriftsteller Kurt Tucholsky zählten zu seinen Freunden. Tucholsky widmete Zille das Gedicht »Berlins Bester«, worin es in der ersten Strophe heißt:

Zweeter Uffjang, vierter Hof
wohnen deine Leute
Kinder quieken, na so doof
jestern, morjen, heute
Liebe, Krach, Jeburt und Schiß
Du hast jesacht wiet is

Im Alter von 72 Jahren starb Zille nach zwei Schlaganfällen am 9. August 1930 in seiner Wohnung in der Sophie-Charlotten-Straße 88. Seine Wohnung ist auch heute eine Privatwohnung, einige Meter neben dem Hauseingang erinnert eine Gedenktafel an den Künstler. Im Nikolaiviertel gibt es das sehenswerte Zille-Museum.

Ehemalige Wohnung Heinrich Zilles
Sophie-Charlotten-Straße 88, 14169 Berlin-Charlottenburg
S-Bhf. Westend, Bus 145, 210
Heinrich-Zille-Museum Berlin
Propststraße 8/11, 10178 Berlin-Mitte (im Nikolaiviertel)
Tel. 24 63 25 00, www.zille-museum.de
U-Bhf. Klosterstraße (U 2); Bus TXL, 143, 148
Geöffnet täglich 11–18 Uhr (in den Sommermonaten länger)
Eintritt: 3 €, ermäßigt 2 €

6 Ein Land – zwei Republiken

Philipp Scheidemann spricht zu den Berlinern, November 1918

Der 9. November 1918 in Berlin brachte eine Weltpremiere: An zwei getrennten Orten der Stadt wurden zwei deutsche Republiken ausgerufen. Den Anfang machte Philipp Scheidemann, SPD-Politiker und Staatssekretär im Kabinett des Reichskanzlers Prinz Max von Baden. Kaiser Wilhelm II. hatte am Vormittag abgedankt, woraufhin Scheidemann um 14 Uhr von einem Fenster des Reichstages den auf dem Platz versammelten Menschen spontan zurief: »Das Volk hat auf ganzer Linie gesiegt! Es lebe die Republik!« Nicht einverstanden mit dem eigenmächtigen Vorgehen Scheidemanns war der SPD-Vorsitzende Friedrich Ebert. In der Kantine des Reichstages beschimpfte er Scheidemann: »Du hast kein Recht, die Republik auszurufen! Was aus Deutschland wird, eine Republik oder sonstwas, das entscheidet eine Konstituante!« Ebenfalls nicht einverstanden mit Scheidemanns Worten war offenbar Karl Liebknecht, der an der Spitze der Unabhängigen Sozialdemokratischen Partei Deutschlands (USPD) stand, in der sich die Kriegsgegner aus der SPD zusammenfanden. Sie hatte sich 1916 von der SPD abgespalten. Als Liebknecht gegen 16 Uhr vor dem Berliner Schloss eintraf, rief er schon vom Schlossplatz die »Freie Sozialistische Republik Deutschland« aus. Wenig später – er hatte inzwischen den Balkon des Schlosses betreten – forderte er die Wartenden zu einem Bekenntnis auf: »Wer von Euch die Freie Sozialistische Republik Deutschland und die Weltrevolution erfüllt sehen will, erhebe seine Hand zum Schwure!« Alle auf dem Schlossplatz, so berichteten Zeitzeugen, hoben ihre Hand zum Schwur, die rote Fahne der Kommunisten wurde auf dem Mast der Kaiserstandarte gehisst. Das Portal, von dessen Balkon Liebknecht sprach, schmückt noch heute das 1964 errichtete DDR-Staatsratsgebäude.

Doch letztendlich galten Scheidemanns Worte. Wenig später folgte dem Kaiserreich eine parlamentarische Demokratie, der Reichstag wurde zum Symbol der jungen Weimarer Republik.

Der Diktatur der Nationalsozialisten musste ein solches Symbol im Wege stehen. Am 27. Februar 1933 brannte der Reichstag, in dem ab 1894 alle grundlegenden politischen Entscheidungen für Deutschland durch das Parlament getroffen worden waren. Die Nationalsozialisten beschuldigten die Kommunisten der Brandstiftung, sodass Reichskanzler Adolf Hitler die Gelegenheit nutzen konnte, die »Notverordnung zum Schutz von Volk und Staat« von Reichspräsident Hindenburg unterschreiben zu lassen. Damit waren die Menschenrechte in Deutschland außer Kraft gesetzt, und die Nazis begannen eine schon vorbereitete Hetzjagd auf Kommunisten, Sozialdemokraten und andere Gegner des Nationalsozialismus.

In ganz Deutschland verhafteten sie noch in der Nacht über 10.000 Kommunisten, obwohl sie nachweislich nichts mit dem Brand zu tun hatten. Es gibt die Vermutung, dass die Nazis selber den Brand gelegt hätten, um so ihre politischen Feinde »legal« eliminieren zu können. Beweise dafür fehlen. Über einen unterirdischen Gang, der vom Heizungshaus bis zum Reichstag führte, hätten sie unbemerkt in den Reichstag gelangen können.

Als mutmaßlicher Brandstifter wurde der Holländer Marinus van der Lubbe festgenommen, dem man Verbindungen zu den Kommunisten nachsagte. Ein nationalsozialistisches Gericht verurteilte den vierundzwanzigjährigen arbeitslosen Maurer im Herbst 1933 zum Tode.

Nach 1945 stand der Reichstag weitgehend funktionslos an der Sektorengrenze, sein Wiederaufbau ging äußerst schleppend voran, nur selten war hier der Bundestag aus Bonn zu Gast. Mit dem Beschluss des Deutschen Bundestages, Berlin zur Hauptstadt des wiedervereinigten Deutschlands zu machen, begann man in den neunziger Jahren mit den 300 Millionen Euro teuren Restaurationsarbeiten nach Entwürfen des britischen Architekten Sir Norman Foster. Heute krönt nun eine neue 23 Meter hohe und 40 Meter breite, begehbare Kuppel aus Glas und Stahl das Haus. Seit dem 19. April 1999 tagt der Deutsche Bundestag im Reichstag. Er ist nun wieder, was er seit Scheidemanns Auftritt war: das Herz der deutschen Demokratie.

Reichstagsgebäude
Platz der Republik 1, 10557 Berlin-Mitte
S-Bhf. Unter den Linden (S 1, S 2); Bus 100, 248
Deutscher Bundestag/Besucherdienst: Tel. 227 30.027
www.bundestag.de
Besichtigung der Kuppel täglich 8–24 Uhr (letzter Einlass 22 Uhr)
Ehemaliges Staatsratsgebäude
Schlossplatz, 10178 Berlin-Mitte
U-Bhf. Hausvogteiplatz (U 2); Bus TXL; 143, 147148

Tod im Landwehrkanal

7

Denkmal am Katharina-Heinroth-Ufer

Sie lebten mehr als 20 Jahre in Berlin und haben an vielen Orten der Stadt gemeinsam Politik gemacht: Rosa Luxemburg und Karl Liebknecht. Zwei Wochen nachdem sie die Kommunistische Partei Deutschlands (KPD) gegründet hatten, wurden sie ermordet. Es war der 15. Januar 1919. In Berlin herrschte Bürgerkrieg. Die Wohnung in der Mannheimer Straße 48, heute Nr. 27, wo Rosa Luxemburg und Karl Liebknecht sich versteckt hatten, wurde am Nachmittag von Mannschaften der Wilmersdorfer Bürgerwehr gestürmt. Gemeinsam mit Wilhelm Pieck, später der erste Präsident der DDR, wurden sie verhaftet. Die Bürgerwehr eskortierte die drei zum Verhör in das Stabsquartier der

Garde-Kavallerie-Schützen-Division im Eden-Hotel in der Budapester Straße/Ecke Kurfürstenstraße, wo sich heute das Eden-Appartment-Haus am Europacenter befindet. Pieck gelang es, das Hotel unversehrt zu verlassen. Den achtundvierzigjährigen Liebknecht führten die Soldaten unter dem Vorwand, ihn in das Moabiter Untersuchungsgefängnis zu überführen, aus dem Hotel. »Zur Vermeidung von Aufsehen wählte der Führer der Begleitmannschaft einen Umweg durch den Tiergarten nach Moabit. Am Neuen See blieb der Kraftwagen stehen«, heißt es in der am 16. Januar 1919 in der Vossischen Zeitung veröffentlichten amtlichen Darstellung. »Als sich die Begleitmannschaften etwa 50 Meter vom Wagen entfernt hatten, machte sich Liebknecht von ihnen los und rannte eiligst in gerader Richtung von ihnen fort. Da Liebknecht auf mehrfaches Anrufen nicht stehen blieb, schossen mehrere Leute der Begleitmannschaft hinter ihm her; einige Augenblicke später stürzte Liebknecht zusammen und war anscheinend sofort tot.« Liebknecht wurde mehrfach in Kopf und Rücken getroffen, seine Leiche als die eines Unbekannten wenig später in der Rettungsstelle am Bahnhof Zoo abgegeben. Auch Rosa Luxemburg führten Sicherheitskräfte aus dem Hotel. Kurz nachdem sie die Straße betreten hatte, wurde die Achtundvierzigjährige mit zwei Kolbenhieben niedergeschlagen. Die Männer schleppten die bewusstlose Frau in ein wartendes Auto und fuhren zum Landwehrkanal. Da die Version »Tod bei Fluchtversuch« aufgrund ihrer Gehbehinderung zu unglaubwürdig schien, wurde eine »lynchende Masse« inszeniert. Im Vernehmungsprotokoll heißt es: »In der Annahme, dass es sich um eine kontrollierende Patrouille handle, hielt der Wagenführer. In diesem Augenblick drängelte sich eine zahlreiche Menschenmenge an den Wagen heran, sprang auf die Trittbretter und zerrte unter den Rufen: Das ist Rosa! den Körper der Frau Luxemburg aus dem Wagen heraus. Die Menge verschwand mit ihr in der Dunkelheit.« Erst vier Monate später, am 31. Mai 1919, entdeckte man ihre Leiche im Wasser. An der Stelle, an der Rosa Luxemburg bewusstlos oder tot in den Landwehrkanal geworfen wurde, erinnert heute ein Denkmal an den Mord.

Rosa Luxemburg und Karl Liebknecht hatten ihr Leben dem politischem Kampf gewidmet. Beide gehörten einst dem linken Flügel der SPD an, bildeten 1915 die Gruppe Internationale, ab 1916 Spartakus-

bund. Die Spartakisten waren Teil der USPD, gründeten aber Ende 1918 die Kommunistische Partei Deutschlands (KPD).
Die gebürtige polnisch-russische Rosalia Luxemburg war als Siebenundzwanzigjährige 1898 nach Berlin übergesiedelt. In Deutschland wurde sie mehrfach verhaftet und verurteilt, unter anderem wegen Majestätsbeleidigung, »Anreizung zum Klassenhaß« oder Aufruf zur Kriegsdienstverweigerung. Einschüchtern oder sich in ihrer politischen Arbeit einschränken ließ sie sich dadurch jedoch nie. Lenin, der ihr mehrfach begegnete, bezeichnete sie als »Adler der Revolution«. Karl Liebknecht, als zweiter Sohn des SPD-Politikers Wilhelm Liebknecht in Leipzig geboren, war 1899 im Alter von achtundzwanzig Jahren nach Berlin gekommen. In der Chausseestraße 121 eröffnete der junge Rechtsanwalt mit seinem Bruder ein Anwaltskanzlei. Von 1912 bis 1916 war Liebknecht Reichstagsabgeordneter für die SPD. Auch er wurde einige Male wegen Hochverrats und Majestätsbeleidigung verhaftet, zuletzt am 1. Mai 1916. Man verurteilte ihn zu vier Jahren Zuchthaus wegen seiner Teilnahme an der Anti-Kriegs-Demonstration auf dem Potsdamer Platz, wo er Flugblätter mit der Aufschrift verteilte: »Unsere Feinde sind nicht das französische, russische oder englische Volk, das sind die deutschen Junker, deutsche Kapitalisten und ihr geschäftsführender Ausschuß: die deutsche Regierung!«
Im November 1918, als die Revolution den Ersten Weltkrieg beendete und Kaiser Wilhelm II. zur Abdankung zwang, wurde Liebknecht aus der Haft entlassen – drei Monate vor seiner Ermordung.

Granitstein im Gehweg Mannheimer Straße 27
10713 Berlin-Wilmersdorf, U-Bhf. Blissestraße (U 7)
Denkmal für Rosa Luxemburg
Katharina-Heinroth-Ufer (am Landwehrkanal, oberhalb der Lichtensteinbrücke), 10787 Berlin-Tiergarten, Bus 200
Gedenkstele für Karl Liebknecht
Großer Weg (im Tiergarten am Neuen See)
10787 Berlin-Tiergarten, S-Bhf. Tiergarten

8

Angriff auf die Demokratie
Der Mord an Rathenau

Walther Rathenau 1922 in seinem offenen Wagen

Dieser Mord war ein Anschlag auf die vier Jahre junge Demokratie in Deutschland: Am 24. Juni 1922 wurde Dr. Walther Rathenau, erster Außenminister der Weimarer Republik und seit fünf Monaten im Amt, in seinem offenen Wagen getötet. Kurz vor elf Uhr hatte er sein Haus in der Koenigsallee 65 im Villenvorort Grunewald verlassen, um ins Auswärtige Amt nach Berlin-Mitte zu fahren. An der Ecke Erdener und Wallotstraße überholte ihn ein anderes Auto, in dem neben dem Fahrer zwei Männer in dunklen Ledermänteln und Fliegerkappen saßen. Wie Augenzeugen berichteten, feuerte einer der Männer während des Überholmanövers aus einer Maschinenpistole acht bis zehn

Schüsse auf Rathenau ab, der zweite Mann warf eine Handgranate. Rathenaus Fahrer, der zunächst dachte, ein Reifen sei geplatzt, stoppte. Jetzt erst sah er den schwer verwundeten Rathenau zusammengesackt auf der Rückbank. Er starb wenig später auf dem Weg zurück in sein Wohnhaus.

Die Attentäter wurden einige Monate später gefasst. Sie gehörten zur Organisation Consul, einer reaktionären, rechtsgerichteten Gruppierung, die sich nach dem Ende des Ersten Weltkriegs aus entlassenen Militärs gebildet hatte, Nachfolgerin der maßgeblich am Kapp-Putsch 1920 beteiligten Brigade Ehrhardt. Ihr Ziel war die Zerschlagung des demokratischen Staates, und der Jude Rathenau stand als Symbol für eine Republik, die sie von Anfang an nicht gewollt hatten. Wie andere rückwärtsgewandte und rechtsgerichtete Kräfte machten sie die Regierung der Weimarer Republik für den »Schandfrieden von Versailles« verantwortlich. Als Wiederaufbauminister, ab Mai 1921, war Rathenau für seine Einhaltung verantwortlich, und als Außenminister verfolgte er eine Entspannungspolitik gegenüber den Siegermächten, die bei den Rechtsextremisten auf heftigen Widerstand stieß. In hasserfüllten Hetzkampagnen bezeichneten sie Rathenau als »jüdischen Erfüllungspolitiker« und forderten öffentlich seine »Bestrafung«.

Walther Rathenau war sich der Gefahr, die seine politische Tätigkeit mit sich brachte, durchaus bewusst; bei seiner Ernennung zum Außenminister soll er gesagt haben: »Sie bringen mir meine Todesbotschaft.« Dennoch hatte er Personschutz abgelehnt.

Bei der Beerdigung Rathenaus am 26. Juli sagte Reichspräsident Friedrich Ebert: »Gerichtet war die Bluttat gegen die Deutsche Republik und gegen die Gedanken der Demokratie, deren überzeugter Vorkämpfer und Verfechter Dr. Walther Rathenau war.« Rathenaus Ermordung löste eine Welle der Empörung aus. Auf zahlreichen Protestveranstaltungen bekundeten Millionen von Menschen ihre Sympathie mit Rathenau und der Republik. Sebastian Haffner schrieb in »Die Geschichte eines Deutschen«: »Es herrschte, einige Tage, etwas, was ich später nie mehr erlebt habe: echte Revolutionsstimmung. Zur Bestattung fanden sich, ohne Zwang und Drohung, ein paar hunderttausend Menschen ein. Und nachher gingen sie nicht auseinander, sondern zogen stundenlang

durch die Straßen, in nicht endenden Zügen, schweigend, grimmig, fordernd.« Noch am Abend des Mordtages erließ Reichskanzler Joseph Wirth eine »Verordnung zum Schutz der Republik«, die am 18. Juli als Republikschutzgesetz vom Parlament bestätigt wurde.
Walther Rathenau war zugleich Industrieller, Schriftsteller und Politiker. 1915 hatte er nach dem Tod seines Vaters Emil Rathenau die 1883 von diesem gegründete Allgemeine Electrizitäts-Gesellschaft (AEG) übernommen. Parallel hatte er diverse philosophische und sozialpolitische Studien publiziert und war zu seiner Zeit einer der meist gelesenen Autoren dieses Genres. Zahlreiche Gedenktafeln erinnern an die Orte seines Wirkens, so an seinem Haus in der Koenigsallee 65, am Rathaus Wedding in der Müllerstraße 146, am Gebäude der ehemaligen Kriegsrohstoffversorgung in der Hedemannstraße 12 in Kreuzberg und auch im jüdischen Gemeindehaus Charlottenburg, Fasanenstraße 79. Am Ort des Attentates befindet sich heute ein Gedenkstein.

→ **Gedenkstein am Ort des Attentats**
Koenigsallee/Ecke Erdener Straße/Wallotstraße
14193 Berlin-Wilmersdorf
S-Bhf. Grunewald (S 3, 7); Bus 119
Ehemalige Villa Rathenaus
Koenigsallee 65, 14193 Berlin
S-Bhf. Grunewald (S 7); Bus 186

Das Berlin der Nationalsozialisten

Am 30. Januar 1933 ernannte der fünfundachtzigjährige, altersschwache Reichspräsident Paul von Hindenburg den »Führer« der NSDAP, Adolf Hitler, zum Reichskanzler einer Koalitionsregierung. Seine Anhänger feierten die »Machtergreifung« mit einem Fackelzug uniformierter SS- und SA-Truppen rund um das Brandenburger Tor und die Wilhelmstraße, dem damaligen Regierungsviertel. Mit dem Brand des Reichstages am späten Abend des 27. Februar, dessen wahre Ursache bis heute umstritten ist, lieferten die Nazis einen Vorgeschmack auf das, was in den kommenden zwölf Jahren folgen sollte. Noch in der Nacht begann eine Hetzjagd auf politische Gegner, in Deutschland wurden 10.000 und in Berlin 1.500 Kommunisten, Sozialdemokraten und andere Oppositionelle verhaftet. Am nächsten Tag trat die von Reichskanzler Hitler vorbereitete »Notverordnung zum Schutz von Volk und Staat« in Kraft, am 24. März dann das so genannte Ermächtigungsgesetz, das praktisch die uneingeschränkte Einparteienherrschaft der NSDAP festschrieb. Die bürgerlichen Freiheitsrechte, wie Versammlungs-, Meinungs- und Pressefreiheit waren damit suspendiert, die Gewalttaten der Nazis legalisiert. Wie überall in Deutschland wurden nach und nach alle Bereiche des öffentlichen Lebens »gleichgeschaltet«. Es folgte die systematische Ausschaltung politischer Gegner durch Verhaftungen, Folter und Mord. Mittlerweile hatten die Nazis in Berlin damit begonnen, »wilde« Konzentrationslager einzurichten, von denen es später über hundert gab. Diese Folterstätten nutzten SA und SS, um politische Gegner und Juden jenseits des ihrer Meinung nach zu behäbigen Staatsapparates aufs Schwerste zu misshandeln oder zu töten sowie die zivile Bevölkerung einzuschüchtern. In Berlin lebten damals rund 160.000 Juden. Von Anfang an richtete sich der Naziterror unverhohlen gegen sie, die NSDAP rief ab April 1933 zum organisierten Boykott der von Juden betriebenen Geschäfte auf, alle 440 jüdischen Mitarbeiter der städtischen Behörden, alle 240 an den Hochschulen sowie alle 500 an den Schulen beschäftigten jüdischen Lehrer wurden entlassen. Ebenfalls öffentlich gingen die Nazis gegen das literarische Wirken

Abbildung S. 39: Aufmarsch der Nationalsozialisten anlässlich der Berufung Adolf Hitlers zum Reichskanzler am 30. Januar 1933

der Juden vor, das bis dahin für weltweite Aufmerksamkeit und die Anerkennung Berlins als Kulturmetropole gesorgt hatte. Unter dem Motto »Wider den undeutschen Geist« wurden unter anderem die Werke von Ernest Hemingway, Erich Kästner und Heinrich und Thomas Mann am 10. Mai 1933 auf dem Opernplatz verbrannt. Tausenden von Journalisten, Schriftstellern, Wissenschaftlern, Musikern und Künstlern erteilte die NSDAP zeitgleich ein Berufsverbot. Im Ausland versuchte die Hitler-Regierung, auch angesichts der noch nicht abgeschlossenen Aufrüstungsprogramme, den Eindruck von Friedfertigkeit zu vermitteln. Größter propagandistischer Erfolg war die XI. Sommer-Olympiade von 1936. Das eigens hierfür errichtete Olympische Dorf und das Olympiastadion beherbergten damals an die 5.350 Athleten aus rund 50 Ländern. Die Hetzjagd gegen die jüdischen Mitbürger erhielt nach den Spielen eine neue Dimension: In der Nacht vom 9. auf den 10. November 1938, der Reichspogromnacht, die danach als Reichskristallnacht verharmlost wurde, plünderten die Nazis im ganzen Deutschen Reich die jüdischen Geschäfte, zerstörten ihre Wohnungen, steckten ihre Synagogen in Brand; laut Statistik wurden 29 Warenhäuser, 7.500 Läden, 191 Synagogen, 171 Wohnhäuser demoliert oder zerstört, 91 Juden starben, rund 35.000 wurden in den nächsten Tagen verhaftet und in Konzentrationslager gebracht.
Nach jahrelanger Aufrüstung griff die deutsche Wehrmacht am 1. September 1939 das Nachbarland Polen an, der Zweite Weltkrieg hatte damit begonnen. Die Zivilbevölkerung in Deutschland spürte zunächst wenig von den Kriegsauswirkungen, die Juden allerdings wurden immer weiter aus dem öffentlichen und halböffentlichen Leben der Stadt gedrängt. Ab dem 4. Juli 1940 durften sie nur noch zwischen 17 und 18 Uhr einkaufen, die Kleiderkarten wurden ihnen gestrichen, das Telefonieren untersagt, ab Sommer 1941 mussten die rund 55.000 noch in Berlin verbliebenen Juden den Davidstern tragen. Auf der am 20. Januar 1942 in Berlin-Wannsee stattfindenden Geheimkonferenz wurde die so genannte »Endlösung der Judenfrage« beschlossen; sie sah vor, alle im Deutschen Reich und in den besetzten Gebieten lebenden elf Millionen Juden in den Konzentrations- und Vernichtungslagern, die in den besetzten Ostgebieten errichtet worden waren, zu ermorden. Allein vom Bahnhof

Grunewald wurden über 50.000 Berliner Juden in über 180 Zügen der Reichsbahn in die Todeslager transportiert. Zu diesem Zeitpunkt hatten sich bereits zahlreiche Widerstandsgruppen gebildet, so die Gruppe um Harro Schulze-Boysen und Arvid Harnack, die von den Nationalsozialisten später als Teil der »Roten Kapelle« bezeichnet wurden. Auch in den Reihen der Kirchen bildeten sich Widerstandsgruppen: Der evangelische Pfarrer Martin Niemöller gründete im September 1933 die »Bekennende Kirche«; der Theologe Dietrich Bonhoeffer gehörte der Widerstandsgruppe um Admiral Wilhelm Canaris an. Innerhalb der Wehrmacht hatte sich um den General Friedrich Olbricht jene Widerstandsgruppe gebildet, zu der auch der Hitler-Attentäter Claus Graf Schenk von Stauffenberg gehörte. Nach dem am 20. Juli 1944 im Führerhauptquartier »Wolfsschanze« verübten und gescheiterten Attentat wurden von Stauffenberg und drei seiner Mitverschwörer noch in der Nacht im Hof seines Dienstsitzes im Bendlerblock erschossen. Auch zahlreiche couragierte Bürger hatten auf ihre Art Widerstand geleistet, so der Berliner Bürstenfabrikant Weidt, der in seiner Firma jahrelang jüdische Beschäftigte versteckt hielt. Oder die Frauen jener jüdischen Männer, die in der Rosenstraße 2–4 inhaftiert waren. Nacht tagelangem gewaltfreiem Protest wurden die Festgenommenen wieder freigelassen. In der Nacht vom 25. auf den 26. August 1940 erreichte der Krieg erstmals mit voller Wucht auch die Berliner Zivilbevölkerung. Es begann eine monatelange Serie von Bombenangriffen, an deren Ende 75 Prozent der Innenstadt zerstört waren. Im April 1945 marschierte die Roten Armee in Berlin ein, am 30. April 1945 beging Hitler Selbstmord. Der Krieg war offiziell am 8. Mai 1945 mit der bedingungslosen Kapitulation des Deutschen Reiches beendet.

Die Nacht, in der die Bücher brannten

9

Bücherverbrennung am 10. Mai 1933 auf dem Opernplatz

In den Abendstunden des 10. Mai 1933 wurde der Opernplatz in Berlin-Mitte zu einem Ort der Barbarei: Wo sonst die Flaneure unterwegs waren, brannten nur drei Monate nach der Machtergreifung Adolf Hitlers rund 25.000 Bücher von über 400 zumeist jüdischen Schriftstellern und Gelehrten. Nach einem von Marschmusik begleiteten Fackelzug durch Berlin wurden um 23 Uhr im Schein der Fackeln unter anderem die Werke von Bertolt Brecht, Alfred Döblin, Albert Einstein, Lion Feuchtwanger, Ernest Hemingway, Erich Kästner, Egon Erwin Kisch, Heinrich und Thomas Mann, Erich Maria Remarque, Joachim Ringelnatz, Anna Seghers, Kurt Tucholsky, Arnold Zweig und Stefan

Zweig ins Feuer geworfen – begleitet von theatralischen Gesten und pathetischen Sprüchen: »Gegen Dekadenz und moralischen Verfall! Für Zucht und Sitte in Familie und Staat! Ich übergebe der Flamme die Schriften von Heinrich Mann, Ernst Glaeser und Erich Kästner.« Um Mitternacht hielt Propagandaminister Joseph Goebbels eine »Feuerrede«, in der er die Bücherverbrennung als historische Zäsur feierte: »Und deshalb tut Ihr gut daran, um diese mitternächtliche Stunde den Ungeist der Vergangenheit den Flammen anzuvertrauen. Das ist eine starke, große und symbolische Handlung – eine Handlung, die vor aller Welt demonstrieren soll: Hier sinkt die geistige Grundlage der November-Republik zu Boden.« Goebbels war zunächst unsicher, ob er sich an die Spitze dieser Veranstaltung stellen sollte – hatte er sich doch einst als Literaturstudent positiv über jene Literatur geäußert, die jetzt verbrannt wurde. Die Aktion »Wider den undeutschen Geist« ging von der Deutschen Studentenschaft und dem Kampfbund für Deutsche Kultur aus. Es war eine von Berlin aus initiierte, vierwöchige Aktion, die mit dem Anschlag der zwölf Thesen »Wider den undeutschen Geist« begann, danach folgte eine zweiwöchige »Aufklärungsaktion« und die Erstellung einer Schwarzen Liste, auf der die Bücher des »undeutschen Geistes« beispielhaft erfasst wurden. In der dritten Woche startete die Säuberungsaktion im gesamten Land, die schließlich mit der Verbrennung der Bücher endete. Insgesamt brannten im Deutschen Reich über 50 Feuer, das größte davon in Berlin auf dem Opernplatz, dem heutigen Bebelplatz. Nahezu die gesamte Elite der zeitgenössischen deutschsprachigen Literatur wurde damit aus dem kulturellen Erbe des Landes verbannt.

An dem Ort, an dem damals die Bücher in Berlin brannten, befindet sich heute ein außergewöhnliches Mahnmal: Durch eine Glasplatte blickt man auf die leeren Regale einer unterirdischen Bibliothek.

Leere Bibliothek, Erinnerung an die Bücherverbrennung
Bebelplatz, 10117 Berlin-Mitte
Bus 100, 200, 348

Rudi-Marek Dutschke

Christlicher Widerstand im Villenvorort

10

Die St. Annen-Kirche in Dahlem

In Dahlem, da, wo die Königin-Luise-Straße auf die Pacelliallee trifft, liegt ein Ort, der auf besondere Weise ein Kapitel deutscher Geschichte spiegelt. Hier befindet sich die St. Annen-Kirche, der Friedhof und das ehemalige Pfarrhaus, das heute das »Martin Niemöller Friedenszentrum« beherbergt.

Rund um die St. Annen-Kirche formierte sich 1933/34 der evangelische Widerstand gegen die Diktatur Adolf Hitlers in der »Bekennenden Kirche«, und während des Zweiten Weltkriegs versammelten sich die Gemeindemitglieder unten in der Backsteinkirche jede Woche zum Friedensgebet. Auf dem Friedhof liegen viele begraben, die damals die

Freiheit und auch ihr Leben im Widerstand gegen die Nazis riskierten. Das erste Mal, als ich 1986 das Friedenszentrum besuchte – es ist heute der Sitz mehrerer Organisationen, wie z. B. des Deutschen Versöhnungsbundes –, fand dort eine Veranstaltung für meinen Vater Rudi Dutschke (1940–1979) statt; er war im Schatten der Kirche beigesetzt worden. Seine Grabstelle vermittelte damals der frühere Pfarrer der Gemeinde, Helmut Gollwitzer, sie war eigentlich für die Schwester von Dietrich Bonhoeffer reserviert. Dietrich Bonhoeffer und seine »Amtsbrüder« Martin Niemöller, Kurt Scharf und Helmut Gollwitzer hatten 1933 den »Pfarrernotbund« gebildet, aus dem die oppositionelle Kirchenbewegung der Bekennenden Kirche hervorging. Gemeinsam kämpften sie gegen die hitlertreuen »Deutschen Christen« in der Gemeinde Dahlem höchst erfolgreich. Den Konflikt innerhalb der Evangelischen Kirche wollte der NS-Staat möglichst rasch für sich entscheiden, deshalb versuchte er mit allen Mitteln, die Bekennende Kirche zum Schweigen zu bringen. Am 1. Juli 1937 wurde Martin Niemöller verhaftet. Er verbrachte die nächsten acht Jahre in den Konzentrationslagern Sachsenhausen und Dachau. Nach seiner Befreiung wurde Niemöller ein Sprecher der Friedens- und Abrüstungsbewegung. Seine Nachfolge in Dahlem übernahm Helmut Gollwitzer, ab 1941 Sanitätssoldat an der Ostfront. Dietrich Bonhoeffer, Mitglied der Widerstandsgruppe des 20. Juli 1944, hatten die Nazis 1945 hingerichtet. Gollwitzer wurde in den sechziger Jahren ein Befürworter der Studentenbewegung und Freund meines Vaters; er hat meinen Vater auch beerdigt. Später fanden auch Helmut Gollwitzer und der Bischof Kurt Scharf auf dem Friedhof neben dem »Martin Niemöller Friedenszentrum« ihre letzte Ruhestätte.

Dass »Dahlem« einmal zu einer Chiffre für die Suche nach dem richtigen Christentum werden würde, war in der Vergangenheit kaum vorstellbar. 1652, nach den Verwüstungen des Dreißigjährigen Krieges, hatte dort nur ein Mensch überlebt; 1832 wurde der Ort erwähnt, weil der Turm der St. Annen-Kirche einen Mast für eine militärisch genutzte Telegraphenstrecke erhielt. Noch im Jahr 1900 zählte das brandenburgische Dorf vor den Toren Berlins nur 104 Einwohner.

Der Wandel kam mit der »Umwidmung« von Äckern zu Bauland. Dahlem entwickelte sich zu einer teuren Wohngegend, in der 1931 der Pastor Martin Niemöller eine Stelle als evangelischer Pfarrer antrat. Der war ein ganz besonderer Gottesmann, ein Kämpfer voller Widersprüche und an vielen Fronten. Als Achtzehnjähriger trat er als »Seekadett« in die Kaiserliche Marine ein, im Ersten Weltkrieg war er U-Boot-Kommandant. Auf seinen Befehl wurden Schiffe versenkt, ertranken Menschen, wurde der mörderische Krieg verlängert. 1923 meldete er sich freiwillig zur »Akademischen Wehr«, die sich aktiv an der Unterdrückung von Arbeiterrevolten im Ruhrgebiet beteiligte. Seine deutschnationalen Positionen trugen stark antisemitische Züge. – Was war Martin Niemöller: ein menschenverachtender Offizier? Ein Oppositioneller und Friedensadvokat? Hitlers Demagogie erlag er nicht.

Rudi-Marek Dutschke

Niemöllers Pfarrernotbund, dem sich bald hunderte Geistliche anschlossen, ist in der Küche des Dahlemer Pfarrhauses gegründet worden, denn im Amtszimmer Niemöllers befand sich eine Abhöranlage. In diesen Räumen des damaligen Pfarrhauses – Hochparterre, man geht einfach hinein – ist heute die Martin-Niemöller-Ausstellung zu sehen. Ein Geheimtipp, denn niemand weist den Weg, keiner verlangt Eintritt.

Martin Niemöller Friedenszentrum
Pacelliallee 61, 14195 Berlin-Dahlem
Tel. 84 10 99 51, www.niemoellerhaus.de.vu
U-Bhf. Dahlem-Dorf (U 1)

Im olympischen Geisterdorf

11

Innenhof am Speisehaus der Nationen

Ein schweres Vorhängeschloss versperrt den Weg, ein zwei Meter hoher Zaun umgibt das Gelände, und ein privater Wachdienst schützt vor ungebetenen Besuchern. Auf dem so gesicherten Areal liegen die Gebäude des olympischen Dorfes von 1936, die zum Teil noch gut erhalten sind und heute unter Denkmalschutz stehen.

Vom 1. bis 16. August 1936 fanden die XI. Olympischen Sommerspiele in Berlin statt. Mit dem olympischen Dorf, das etwa 14 Kilometer westlich vom Olympiastadion nach Plänen des leitenden Architekten Werner March errichtet wurde, wollte Reichskanzler Adolf Hitler die Gäste aus aller Welt beeindrucken – und seine Kritiker überstimmen. Es sollte ein »Dorf des Friedens« sein und den »neuen deutschen Geist« symbolisieren, wie die Propaganda nicht müde wurde zu behaupten. Für Hitler war es, wie er am 17. Juni 1936 bei einem Rundgang über das Gelände sagte, »das schönste Dorf der Welt«. Als Bauherr des olympischen Dorfes fungierte die deutsche Wehrmacht, die das Gelände samt seinen Bauten nach den Olympischen Spielen als Wehrmachtskaserne für die stark expandierende Militärmaschinerie nutzen wollte. So entstanden 135 eingeschossige und fünf zweigeschossige Bungalows, in denen zunächst die Athleten und später die Soldaten wohnten. Das Speisehaus, das mit seinen 38 Esssälen und verschiedenen Küchen für internationale Gerichte die Liberalität des NS-Regimes vorführen sollte – die es im Alltag der Deutschen längst nicht mehr gab –, wurde gleich so angelegt, dass es später als Lazarett genutzt werden konnte. Das Gemeinschaftshaus nannte man nach Paul von Hindenburg, dem ein Jahr zuvor verstorbenen ehemaligen Reichspräsidenten, im Ersten Weltkrieg Generalfeldmarschall und der Mann, der Hitler gegen alle Bedenken, auch der der Konservativen, 1933 schließlich zum Reichskanzler ernannt hatte. Auf den sich gegenüberliegenden Außenfassaden hängen noch heute zwei Spruchtafeln. Die Texte »Die Treue ist das Mark der Ehre« und »Ich bau auf dich deutsche Jugend« sind inzwischen übermalt worden und nur bei Regen unter ihrer Deckfarbe zu erahnen. Im Haus waren – neben der Hindenburg-Ehrenhalle – mehrere Trainingsräume untergebracht. Im ersten Stock befand sich ein großer Theatersaal, wo die von der NSDAP engagierten Künstler wie Marika Rökk und Zarah Leander auftraten. In der Wochenschau, quasi ein Vorgänger der heutigen Tagesschau, wurden solche Ereignisse aus dem olympischen Dorf in die Kinosäle übertragen.

Auf Wunsch der Finnen entstand auf dem Gelände des Olympischen Dorfes eine Sauna – sehr schön platziert inmitten einer künstlichen Seenlandschaft, die den Bewohnern das Gefühl unberührter Natur vermittelte. Diese Wirkung wurde noch durch auf dem See schwimmende Wasservögel verstärkt, die man aus dem Berliner Zoo umgesiedelt hatte. Viele der Olympioniken waren begeistert, ließen sich blenden von dem Dargebotenen. Doch gab es auch kritische Stimmen, die Hitlers Schauspiel und die Verknüpfung von sportlichem und militärischem Kampf ablehnten; sie erkannten den Missbrauch des Sports für die Vorbereitung eines Krieges. Der Chefredakteur der estländischen Zeitung »Päevaleth« schrieb: »Der militärische Geist, welcher dem deutschen Menschen bis ins Mark gedrungen ist, überschwemmt das olympische Unternehmen. Dieses ist befremdlich für Menschen, welche eine andere sportliche Atmosphäre gewöhnt sind, besonders, wenn es ihm demonstrativ vorgeführt wird. Im Dorf wurde in einem Film gezeigt, warum für den deutschen Soldaten Sport notwendig ist. Als die Serie der Sportaufnahmen mit Schlachtenbildern endete, erklang aus dem Munde der aus 50 Ländern stammenden Athleten ein einstimmiger Pfiff – so befremdend war der Geist für andere.«

Im Anschluss an die Olympischen Spiele wurden auf dem Areal des Dorfes die Infanterieschule und das I. Bataillon des Infanterie-Lehrregiments untergebracht. Nach dem Zweiten Weltkrieg zog die sowjetische Armee ein. Seit ihrem Abmarsch im Jahr 1992 stehen alle Einrichtungen leer, das mehrere Meter hohe Lenin-Wandgemälde im Hindenburg-Haus erinnert noch an ihre letzten Bewohner. Heute gehört das olympische Dorf mehrheitlich der Brandenburger Bank, die nach Investoren Ausschau hält. Gerhard Meyer-Vorfelder, der Präsident des Deutschen Fußball-Bundes, plante hier eine Eliteschule für die Fußballstars von morgen, doch wurde das Vorhaben nicht realisiert. So gehört das Gelände auch weiterhin der Natur, die sich der geschichtsträchtigen Bauten allmählich bemächtigt.

→ **Olympisches Dorf**
14641 Wustermark, Ortsteil Elstal/Brandenburg
ca. 10 km westlich von Berlin-Spandau, von dort mit der Regionalbahn Richtung Rathenow bis Elstal.
Oder über die B 5 zu erreichen, Abfahrt Olympisches Dorf.
Der Verein Historia Elstal e. V. bietet jeden ersten Samstag im Monat Führungen durch das olympische Dorf an.
Tel. 03 32 34/8 62 77, www.historia-elstal.de
Eintritt: 3,50 €

Michael Sommer

Das Geheimnis der Legion Condor

12

Göring begrüßt die Legion Condor nach ihrer Rückkehr aus Spanien

Die Operation lief unter strengster Geheimhaltung. Die Soldaten mussten ihre Uniformen ausziehen, wurden offiziell aus der Wehrmacht entlassen und als Zivilisten ausstaffiert. Dann schifften sie sich nach Spanien ein und gaben der Welt 1937 mit dem Angriff auf die baskische Stadt Guernica einen Vorgeschmack auf das, was kommen sollte: auf einen Bombenkrieg gegen wehrlose Zivilisten, auf Massenmord und brennende Städte, dem Erdboden gleichgemacht. Es war der geheime Testlauf Hermann Görings für den großen Krieg.

Fast siebzig Jahre danach ist es, als läge der Schleier der Geheimhaltung noch immer über der Legion Condor. Niemand mag darüber sprechen,

schon gar nicht an dem Ort, an dem sie einst aufgestellt wurde: Im Spandauer Ortsteil Kladow, im äußersten Südwesten Berlins. Kein Mahnstein erinnert an das Ungeheuerliche, und die Informationstafeln weisen auf alles Mögliche hin, nur nicht auf diese düstere Seite der Geschichte.
Die Nationalsozialisten hatten damals Glück: Bei ihrer Machtübernahme befand sich die Gutsanlage Neu-Kladow, malerisch am Wannsee gelegen, bereits in Reichsbesitz. Erbaut im Jahr 1800, gehörte das Herrenhaus bis 1806 Louise Wilhelmine Mencken, der Mutter Otto von Bismarcks. Im 19. Jahrhundert wechselte das Kleinod mehrfach den Besitzer und wurde schließlich 1928 an die Stadt Berlin verkauft.
Siebzig Jahre später verhinderte der Protest Kladower Bürger die Bebauung des Parks rund um das leerstehende Herrenhaus. So war er nach wie vor der Öffentlichkeit zugänglich und beliebtes Ziel von Spaziergängern, Joggern, Radfahrern oder Hundefreunden.
Zurück zum Jahr 1932: Damals ging Neu-Kladow in Reichsbesitz über. Doch was dann geschah, wird in mancher örtlichen Chronik verschämt umschrieben. Es seien Baracken- und Felsbauten entstanden, die während des Kriegs als Lazarett gedient hätten, heißt es da beispielsweise.
Tatsächlich wurden auf der Wiese neben dem Gutshaus Holzbaracken errichtet, in denen ab 1936 die Piloten der Legion Condor unterkamen und in idyllischer Umgebung ihr theoretisches Rüstzeug für den Bombenkrieg erhielten. Auf dem Flugfeld Gatow direkt gegenüber erhielten sie die praktische Ausbildung. (Nach dem Zweiten Weltkrieg übernahm die britische Luftwaffe den Flughafen Gatow. Als sie abzogen, gründete der Bezirk Spandau darauf Einfamilienhaussiedlungen; auf einem Teil des Geländes ist ein Luftwaffenmuseum untergebracht. Die Bundeswehr übernahm die Kaserne.)
Erst 1938 kamen die Elitesoldaten der Legion in der Reichsakademie für Luftfahrt unter. (Dieses Kasernengelände gegenüber dem Flughafen und direkt neben dem Gutspark Neu-Kladow ist inzwischen ein Krankenhaus.) Der Förderverein des Luftwaffenmuseums schreibt diskret: »Rollfeld, Hangars und die südlich angrenzenden Kasernenanlagen entstanden 1934/35 als ›Kaderschmiede‹ für Offiziere, Generalstabsoffiziere und Technische Offiziere der Luftwaffe Hitler-Deutschlands. Sie beherbergten eine der vier Luftkriegsschulen des 3. Reichs, die Luft-

Michael Sommer

kriegsakademie sowie die Lufttechnische Akademie. Am Ende des 2. Weltkriegs …«
Lange vor Beginn des Zweiten Weltkriegs aber, zwischen 1936 und 1938, griffen die Elitepiloten der Legion entscheidend in den spanischen Bürgerkrieg ein – natürlich zugunsten der Faschisten. Zunächst brachten die deutschen Flieger und ihre italienischen Kameraden marokkanische Söldner und Fremdenlegionäre, die in Nordafrika festsaßen, aufs Festland. Denn die spanische Marine blockierte die Häfen, und ohne die geheime Hilfe der deutschen Luftwaffe wäre der Putsch General Francos gleich in den ersten Wochen zusammengebrochen.

So aber eskalierte der blutige Konflikt, und immer wieder griffen deutsche Kampfpiloten mit ihren umgebauten Ju 52 an, bombardierten unter anderem Madrid und Bilbao. 1937 dann war Guernica an der Reihe, die »baskische Hauptstadt des Herzens«, von der Jean-Jacques Rousseau geschwärmt hatte, in ihr lebten die glücklichsten Menschen, die ihre Angelegenheiten selbst regelten und sich stets klug verhielten. Die Basken stritten schon damals für ihre Unabhängigkeit, den deutschen Piloten aber wurde eingeimpft, sie müssten auch dort den Kommunismus stoppen: Am 26. April ließ der Kommandant der Legion Condor, Freiherr von Richthofen, 50.000 Kilogramm Spreng-, Splitter- und Brandbomben laden – und abwerfen.

»Ein Haufen Brandbomben landete zwischen fünfzig Mädchen, die in der Bonbonfabrik arbeiteten. Die Bomben explodierten unter grellem, weißem Aufblitzen. Dann flammten und brannten sie wild und versprühten rote und weiße Stückchen Thermit«, berichtete ein Augenzeuge über das Inferno. Der Maler Pablo Picasso, tief erschüttert über den Massenmord, setzte Guernica mit einem seiner berühmtesten Werke ein Denkmal.

Die Stadt brannte, Tausende von Menschen starben, 70 Prozent der Häuser wurden zerstört, auch Rathaus und Kirche wurden getroffen. Die so wichtige Renteria-Brücke allerdings, das angebliche Ziel des Angriffs, blieb unversehrt.

Gleichwohl meldete Freiherr von Richthofen in seinem Geheimbericht nach Berlin, die Operation sei ein großer Erfolg gewesen. Und Hermann Göring gab während der Nürnberger Prozesse zu: »Mir gab Spanien die Gelegenheit, meine junge Luftwaffe zu erproben … und den Leuten, Erfahrungen zu sammeln.«
Acht Jahre später lag auch Berlin in Schutt und Asche. Doch das Gutshaus Neu-Kladow stand noch immer. 1951 pachtete die Arbeiterwohlfahrt die Anlage und nutzte bis 1995 auch die ehemaligen Behausungen der Legion Condor als Erholungsheim. Erst im Jahr 2000 entschied der Bezirk Spandau, die meisten Baracken abzureißen.
Nur zwei der heruntergekommenen Verschläge blieben stehen – der eine gegenüber dem Gutshaus brannte im Herbst 2003 ebenso nieder wie wenige Wochen darauf die baufällige ehemalige Tischlerei der Gutsanlage. So blieb zur Jahreswende 2004 noch eine mit Graffiti beschmierte Bretterbude übrig.
Spaziergänger flanieren achtlos daran vorbei. Jeder weiß, dass die Legion Condor von Berlin aus nach Spanien startete. Doch dass sie im Gutspark Neu-Kladow an der Havel ihren Stützpunkt hatte, ist für viele noch immer ein Geheimnis.

Gutshof Neu-Kladow
Neukladower Allee 9–12, 14089 Berlin-Spandau
Bus X 34, 134
Luftwaffenmuseum Berlin-Gatow
Kladower Damm 182–188 (Zufahrt über Groß Glienicker Weg)
14089 Berlin-Spandau
Ausstellung, Tel. 36 87 26 05
Geöffnet Dienstag bis Sonntag 9–17 Uhr (letzter Einlass 16 Uhr)
Eintritt: frei

Goebbels und sein »Bonzenwerder«

13

Blick von der Brücke nach Schwanenwerder auf den Wannsee

Nichts erinnert heute in der Inselstraße 10 auf Schwanenwerder an das Vergangene, kein Hinweisschild, keine Gedenktafel. Hier wohnte einst der NS-Propagandaminister und Berliner Gauleiter der NSDAP, Joseph Goebbels. Obwohl die Privatadresse der NS-Größe geheim gehalten wurde, hatte ein Dr. Hansheinrich Kummerow dort ein Attentat auf ihn geplant; zu dessen Durchführung ist er allerdings nicht mehr gekommen. Kummerow, der seit Anfang der vierziger Jahre als Ingenieur beim Radio- und TV-Gerätehersteller Loewe in Berlin arbeitete, wurde am 30. November 1942 von der Geheimen Staatspolizei verhaftet. Der Ingenieur, der für die Sowjetunion spionierte, hatte sich einem

Verbindungsmann Moskaus anvertraut, der jedoch tatsächlich für die Geheime Staatspolizei arbeitete. Er erzählte ihm von seinem Plan, den NS-Propagandaminister auf dem Weg zur Arbeit töten zu wollen. Als Angler verkleidet wollte er eine Bombe an der einzigen Brücke, die nach Schwanenwerder führt, anbringen und ferngezündet zur Explosion bringen, wenn Goebbels sie in seinem Auto überquert. Der 3. Senat des Reichskriegsgerichts verurteilte Kummerow am 18. Dezember 1942 in einer nicht öffentlichen Sitzung zum Tode. In Goebbels' Tagebüchern findet sich der Eintrag, dass »ein Landesverräter zum Tode verurteilt wurde, der ein Attentat gegen mich vorbereitet hatte«. Hitler schenkte Goebbels wenige Wochen später eine neue gepanzerte Mercedes-Limousine mit acht Millimeter dickem Panzerstahl.

Schwanenwerder wurde im Volksmund damals auch »Bonzenwerder« genannt. Für nur wenig Geld hatten hier NSDAP-Funktionäre jüdischen Bürgern ihren Besitz auf der Insel abgekauft oder sie entschädigungslos enteignen lassen. Auf Schwanenwerder wohnte unter anderem Hitlers Leibarzt und auch sein Lieblingsarchitekt, der spätere Rüstungsminister Albert Speer. Goebbels, NSDAP-Gauleiter seit 1926 und später Leiter des Reichsministeriums für Volksaufklärung und Propaganda, bezog 1934 seine Dienstvilla. Nach 1945 wurde sie von den Alliierten gesprengt.

In dem errichteten Neubau wohnte zunächst der US-General Lucius D. Clay; seit 1959 ist das Haus Sitz des amerikanische Aspen-Insituts.

Kummerow überlebte die NS-Zeit nicht. In der Haft unternahm er drei Selbstmordversuche, um der Hinrichtung zu entgehen. In seiner Verzweiflung schluckte er nach einem der unmenschlichen Verhöre die gebrochenen Gläser seiner Brille. Am 4. Februar 1944 wurde er im Zuchthaus Halle/Saale gehenkt, seine Frau war als »Mittäterin« bereits am 5. August 1943 in Berlin-Plötzensee geköpft worden. Das Ehepaar hinterließ zwei Kinder, die später auf Entschädigung und Anerkennung ihrer Eltern als Widerstandskämpfer klagten – ohne Erfolg.

→ **Insel Schwanenwerder**
14129 Berlin-Zehlendorf, S-Bhf. Nikolassee (S 1, 7); Bus 218

Salon Kitty
Das Bordell der SS

14

Giesebrechtstraße 11 in Charlottenburg

In der Giesebrechtstraße 11 befand sich während der Naziherrschaft im dritten Stock die Pension Schmidt, unter Kennern »Salon Kitty« genannt. Das nach französischem Vorbild betriebene Edelbordell, benannt nach der Inhaberin Katharina Zammit, die mit Mädchennamen Schmidt hieß, stand im Dienste des Reichsicherheitshauptamtes (RSHA), der zentralen Kontroll- und Spitzelbehörde des NS-Staates. Damit war der Auftrag des Bordells klar: Hier sollten beim vertraulichen Liebesgeflüster Erkenntnisse gewonnen werden, die anders nicht verfügbar gemacht werden konnten. So jedenfalls die Hoffnung Reinhard Heydrichs, von 1939 bis 1942 Leiter des Reichssicherheitshauptamtes und ab 1941 auch Reichsprotektor von Böhmen und Mähren. Die Räume, in denen die Mädchen arbeiteten, waren mit Mikrofonen ausgestattet, die Gespräche wurden im Keller in der vom RSHA eingerichteten Abhörzentrale mitgeschnitten. Nur wenn Heydrich den Salon Kitty besuchte, befahl er dem SD-Auslandschef Walter Schellenberg, wie dieser später berichtete, die Mikrofone auszuschalten. Die im Salon Kitty beschäftigten Mädchen stammten aus Deutschland, Österreich oder Polen, waren zwischen zwanzig und dreißig Jahre alt und beherrschten mindestens zwei Sprachen. Sie wurden entweder vom NS-Regime durch Erpressung oder Verschleppung gezwungen, dort zu arbeiten, oder es waren professionelle Prostituierte. Hier konnten sie ihren Beruf ungestraft ausüben, obwohl Prostitution im NS-Staat offiziell verboten war. Für ein Honorar von 200 Reichsmark stellten die Mädchen im Salon Kitty ihre Liebesdienste zur Verfügung. Zu ihren Kunden zählten Mitglieder der Führungsriege von Partei, Staat und Wehrmacht, aber auch Diplomaten oder prominente Künstler. Der Salon Kitty war stets gut besucht. Allein 1940 sollen 10.000 Kunden, das waren im Durchschnitt dreißig am Tag, die Dienste der Mädchen in Anspruch genommen haben. Unter ihnen befanden sich angeblich der italienische Außenminister Graf Ciano oder auch Hans Albers, wie Guido Knopp in seinem Buch »Die SS« schreibt. Wie man heute weiß, waren die nachrichtendienstlichen Hinweise, die sich aus der Abhöraktion ergaben, nur von geringem Wert. Augenscheinlich war das Freudenhaus für die Lustbarkeit der NS-Funktionäre gedacht und die Bespitzelung der Kunden eher eine Legitimierung des eigentlichen Zwecks des Etablissements.

Heute befindet sich im dritten Stock des Hauses in der Giesebrechtstraße eine Privatwohnung; die Räume im Keller werden von einer Firma für Unterwassergehäuse für Film- und Fotogeräte genutzt.

→ **Ehemaliger Salon Kitty**
Giesebrechtstraße 11, 10629 Berlin-Charlottenburg
U-Bhf. Adenauerplatz (U 7); Bus X10, 110, 119, 129

Gleis 17
Bahnfahrt in den Tod

15

Gemahnung an die Deportation der Juden am Bahnhof Grunewald

Bahnhof Grunewald, Gleis 17: Der erste Sonderzug der Reichsbahn fuhr am 18. Oktober 1941 mit 1.251 Juden vom idyllisch gelegenen Bahnhof im Villenvorort Grunewald in Richtung Osten. Am Morgen hatten alle das Sammellager in der Moabiter Levetzowstraße verlassen müssen. Bei strömendem Regen, zu Fuß und mit ihrem Gepäck in der Hand liefen sie dann die rund siebeneinhalb Kilometer quer durch die Stadt. Lediglich für Kinder und Kranke hatte die SS offene Lastwagen bereitgestellt. Größeres Gepäck war verboten, nur ein Rucksack oder ein mittelgroßer Koffer und 50 Reichsmark durften pro Person mitgenommen werden. Alle anderen Wertgegenstände sammelten die SS-Männer ein. Zuvor hatte jeder Jude eine Vermögenserklärung abgeben müssen, damit die SS ihre Häuser und Wohnungen, die Bankguthaben, Renten und Versicherungen später problemlos beschlagnahmen konnte. Vor der Abfahrt des Zuges spielten sich teilweise dramatische Szenen ab: Obwohl sich alle ruhig verhielten, wie Zeitzeugen später berichteten, sich ihrem Schicksal zu fügen schienen und gehorsam nacheinander in die Waggons einstiegen, schlugen die SS-Männer mit Reitpeitschen auf sie ein.

Mit diesem Tag begann die systematische Deportation der Berliner Juden. Wöchentlich, zuweilen auch täglich verließen Sonderzüge das Gleis 17 für die mehrtägige Fahrt in Richtung der Konzentrations- oder Vernichtungslager in Lodz, Minsk, Twarnici, Riga, Warschau, Auschwitz und Theresienstadt. Von 1941 bis 1945 fuhren über 180 Züge mit insgesamt 50.535 jüdischen Männern, Frauen und Kindern vom Bahnhof Grunewald ab. Anfangs stellte die Bahn Personenwagen dritter Klasse zur Verfügung, später Viehwaggons. In einer 1973 verfassten Anklageschrift gegen den Hauptverantwortlichen der Reichsbahn, Staatssekretär Dr. Ganzemüller, heißt es: »Die Deportation in die Lager erfolgte überwiegend mit Güterzügen, in denen die Juden derart zusammengedrängt wurden, dass ihnen mit ihren mitgeführten armseligen Haben jeweils nur wenige Quadratzentimeter zur Verfügung standen. Die Waggons – nicht selten mit mehr als 100 Menschen gefüllt – wurden regelmäßig verplombt. Ihre kleinen, nur eine unzureichende Lüftung gewährenden Fenster waren vergittert oder mit Stacheldraht versperrt. Die nach den vorausgegangenen entbehrungsreichen Jahren weitgehend entkräfteten und ausgezehrten Opfer vermochten sich vor der Fahrt nur vereinzelt mit Proviant zu versorgen. Während der Fahrt erhielten sie durchweg weder Getränke noch Nahrungsmittel. Sie litten daher unter Hunger und Durst und waren im Sommer der Hitze und im Winter der Kälte ausgesetzt. Eine Toilette stand ihnen regelmäßig nicht zur Verfügung, so dass sie ihre Bedürfnis in den Wagen verrichten mußten. Die Umstände bewirkten, dass eine unbestimmte Zahl von Juden – vor allem Kranke, Gebrechliche und Kinder – schon auf dem Transport ums Leben kamen.« Der damalige Leitende Oberstaatsanwalt fügte an, »dass es etliche Transporte gab, bei denen – weil man die Züge einfach vergessen hatte – alle

Menschen bereits auf der Fahrt in das Konzentrationslager sterben mußten.«
Für die Reichsbahn war der Transport der Juden ein lohnendes Geschäft, denn sie berechnete für Erwachsene vier Pfennig und für Kinder einen Pfennig pro Person und Schienenkilometer. Nur Kinder unter vier Jahren fuhren umsonst. Bei mehr als 400 Personen pro Transport gewährte die Reichsbahn sogar einen Rabatt von 50 Prozent. Die Mitarbeiter der Reichsbahn fühlten sich für das Schicksal der jüdischen Menschen keineswegs verantwortlich, obwohl – wie sich in späteren Verhören herausstellte – sie zum Teil genau wussten, was mit ihnen geschehen würde. Insgesamt waren es mehr als drei Millionen Menschen, die mit den Zügen der Reichsbahn in die Vernichtungslager deportiert wurden, niemand von der Reichsbahn wurde hierfür später gerichtlich verurteilt. Viele der Angestellten setzten ihre Arbeit bei der Bundesbahn fort, einige sogar in Führungspositionen. Dr. Ganzemüller kam wegen »Vernehmungsunfähigkeit« ungestraft davon.
Der Bahnhof Grunewald ist heute noch in Betrieb. Im Minutenryhthmus fährt dort die Linie 7 der S-Bahn, die Berlin und Potsdam verbindet. Am Gleis 17 des stillgelegten Güterbahnhofs befindet sich eines der eindringlichsten Mahnmale der Stadt: Für jeden der von hier abgefahrenen Deportationszüge ist auf dem Bahnsteig eine Gedenktafel mit Datum, Personenanzahl und Bestimmungsort in den Boden eingelassen. Insgesamt sind es 183. Darüber hinaus erinnert einige Meter neben dem Eingang des Bahnhofs eine 18 Meter lange Betonwand mit Negativabdrücken menschlicher Körper an die Verschleppten und Ermordeten. Die Deutsche Bahn hat am 27. Januar 1998 eine Gedenktafel am Bahnsteigaufgang angebracht. Nicht viel größer als ein A3-Blatt, trägt es die Inschrift: »Gleis 17. Zum Gedenken an die 1941–1945 durch die Züge der Deutschen Reichsbahn in die Todeslager Deportierten«.

→ **Mahnmal Bahnhof Grunewald, Gleis 17**
Am Bahnhof Grunewald, 14193 Berlin-Wilmersdorf
S-Bhf. Grunewald (S 7); Bus 119, 186, 219

16

Bürstenfabrikant Weidt – Berlins Oskar Schindler

Im Museum Blindenwerkstatt Otto Weidt

Im Hinterhaus der Rosenthaler Straße 39 betrieb von 1941 bis 1943 der stark sehbehinderte Otto Weidt eine Besen- und Bürstenfabrik. Dreißig Leute, meist blinde und taubstumme Juden, arbeiteten dort. Anfänglich konnte der damals Achtundfünfzigjährige seine jüdischen Mitarbeiter vor Deportationen schützen, indem er die Besen und Bürsten an die Wehrmacht verkaufte. Sein Unternehmen erhielt somit den Status als kriegswichtiges Unternehmen, dessen jüdische Angestellte nicht abtransportiert werden durften. Als sich die Deportationsbestimmungen verschärften, begann Otto Weidt, die Zuständigen bei der Gestapo, die Beamten der Arbeitsverwaltung und sogar deren Spitzel zu bestechen, um seine Mitarbeiter vor dem sicheren Tod in einem der Vernichtungslager zu bewahren. Teilweise besorgte er ihnen neue Ausweise, oder er versteckte sie. Für Alice Licht, die Geliebte von Otto Weidt, und ihre Eltern mietete er einen Laden in der Neanderstraße 18, heute Heinrich-Hertz-Straße, an. Damit niemand hineinsehen konnte, wurde der Raum zum großen Teil mit Straßenbesen gefüllt. Das Versteck war als Außenlager seiner Werkstatt deklariert. Den Arbeiter Chaim Horn brachte Otto Weidt mit dessen Frau und ihren zwei Kindern in einem zehn Quadratmeter großen, fensterlosen Raum im hinteren Teil der Werkstatt unter. Ein Freund verriet sie. Chaim Horn und seine Familie wurden am 5. Oktober 1943 verhaftet, in das Sammellager Große Hamburger Straße 26 gebracht und am 14. Oktober 1943 mit dem »44. Osttransport« vom Bahnhof Grunewald nach Auschwitz deportiert, wo sie vermutlich ermordet wurden. Alice Licht und ihre Familie wurden im November 1943 deportiert. Mit Weidts Hilfe gelang Alice Licht später die Flucht; ihre Eltern sind ermordet worden.

Nach dem Krieg engagierte sich Weidt für den Aufbau eines jüdischen Waisenhauses und Altersheims in Berlin-Niederschönhausen. Sein Grab auf dem Friedhof in Berlin-Zehlendorf, Onkel-Tom-Straße, wurde zum Ehrengrab ernannt. Die Gedenkstätte »Yad Vashem« in Israel hat Otto Weidt als einen »Gerechten unter den Völkern« registriert. Erst 1993 wurde am Haus in der Rosenthaler Straße 39 eine Gedenktafel für ihn angebracht. Dort befindet sich heute die Ausstellung »Blindes Vertrauen«. Zu besichtigen sind neben dem Versteck der Familie Horn zahlreiche Originaldokumente.

→ **Museum Blindenwerkstatt Otto Weidt**
Rosenthaler Straße 39, 10178 Berlin, Tel. 28 59 94 07
www.blindes-vertrauen.de
S-Bhf. Hackescher Mark; U-Bhf. Weinmeisterstraße; Tram 1, 7, 53
Geöffnet täglich 12–20 Uhr, Führungen jeden Sonntag 14 Uhr
ohne Voranmeldung, Eintritt: 3 €

17

Mordplan in der Wannsee-Villa

Haus der Wannsee-Konferenz

In einer der prachtvollsten Villen am Wannsee fand am 20. Januar 1942 die in ihrer Wirkung wohl grausamste Geheimkonferenz des NS-Staates statt. Thema der Zusammenkunft war die »praktische Durchführung der Endlösung der Judenfrage«. Es ging um rund elf Millionen in Europa lebende Menschen jüdischer Herkunft, für die Hitler und seine Helfer die »Endlösung« anstrebten, was zunächst Deportation und später Mord bedeutete. Es war das erste Treffen von hochrangigen Mitgliedern mehrerer NS-Ministerien zur »Rassenpolitischen Neuordnung Europas«. An der Konferenz, die nach dem Ort der Besprechung heute als »Wannsee-Konferenz« bezeichnet wird, nahmen 14 Beamte der Ministerialbürokratie und der SS unter der Leitung des Obergruppenführers Reinhard Heydrich, Chef des Reichssicherheitshauptamtes (RSHA), teil. Heydrich war ein fanatischer Judenhasser und neben Heinrich Himmler und Adolf Hitler der entscheidende Betreiber des Holocaust. Unter anderem saßen mit ihm am Verhandlungstisch: der Leiter des Referats für Judenangelegenheiten und Räumungen im Reichssicherheitshauptamt, Adolf Eichmann, der Staatssekretär im Reichsjustizministerium Dr. Roland Freisler und der Unterstaatssekretär des Auswärtigen Amtes Martin Luther. Zum Zeitpunkt der Wannsee-Konferenz hatten schon seit Monaten Massenerschießungen von Juden in den besetzten Gebieten der Sowjetunion stattgefunden und auch die ersten Vernichtungslager hatten in den von der Wehrmacht eroberten Ostgebieten Europas ihre mörderische Arbeit aufgenommen. Alle Konferenzteilnehmer waren offenbar über die in Gang gesetzten Massentötungen informiert und willig, an weiteren millionenfachen Massenmorden mitzuwirken. Es ging ihnen im Wesentlichen um eine Steigerung der Mordeffizienz. Darüber wurde völlig offen diskutiert, wie sich Adolf Eichmann später bei seiner Vernehmung durch die israelischen Behörden erinnerte. Im mehrfach umgeschriebenen Protokoll der Wannsee-Konferenz ist der geplante Massenmord allerdings nur indirekt ausgedrückt: »Unter entsprechender Leitung sollen nun im Zuge der Endlösung die Juden in geeigneter Weise im Osten zum Arbeitseinsatz kommen. In großen Arbeitskolonnen, unter Trennung der Geschlechter, werden die arbeitsfähigen Juden straßenbauend in diese Gebiete geführt, wobei zweifellos ein Großteil durch natürliche Verminderung ausfallen wird. Der allfällig endlich verbleibende Restbestand wird, da es sich bei diesen zweifellos um den widerstandsfähigsten Teil handelt, entsprechend behandelt werden müssen, da dieser, eine natürliche Auslese darstellend, bei Freilassung als Keimzelle eines neuen jüdischen Aufbaus anzusprechen ist. Im Zuge der praktischen Durchführung der Endlösung wird Europa von Westen nach Osten durchkämmt. Die evakuierten Juden werden zunächst Zug um Zug in so genannte Durchgangsghettos gebracht, um von dort aus weiter nach Osten transportiert zu werden.« So geschah es auch. Ab 1942 rollten massenhaft die Deportationszüge, die Ausrottung der Juden war zum Staatsziel geworden. Die Zahl der bis

1945 ermordeten Juden in Europa wird heute auf etwa sechs Millionen geschätzt.

Die 1914/15 erbaute Wannsee-Villa befand sich ab 1940 im Besitz des NS-Staates, diente zunächst als Gäste-, Kasino-, und Konferenzhaus für hohe NS-Offiziere, Führer von Einsatzkommandos und auch für befreundete ausländische Geheimdienstchefs. Ab Oktober 1944 war im Gebäude das Hauptquartier des Inlandssicherheitsdienstes (SD) der SS untergebracht. Zur Gartenarbeit auf dem großen Grundstück wurden zunächst deutsche Juden, später osteuropäische Zwangsarbeiter eingesetzt.

Heute erinnert das »Haus der Täter« als Gedenk- und Bildungsstätte an die Ermordung der Juden und an die anderen NS-Verbrechen: die Tötung körperlich Behinderter und psychisch Kranker, die Auslöschung politischer Gegner, die Verfolgung und Ermordung der Sinti und Roma, die Versklavung und spätere Ermordung eines Großteils der nicht-jüdischen Bevölkerung aus den osteuropäischen Gebieten und die Tötung sowjetischer Kriegsgefangener. Die Dauerausstellung informiert über die Motive der Täter, die Schicksale der Opfer und über die technische Vorbereitung der Verbrechen.

→ **Haus der Wannsee-Konferenz**
Am Großen Wannsee 56–58, 14109 Berlin
Tel. 805 00 10, www.ghwk.de
Bus 114
Geöffnet täglich 10–18 Uhr (außer an staatlichen Feiertagen)
Eintritt: frei

Frauenaufstand in der Rosenstraße

18

Skulptur an der Rosenstraße 2–4

Am Samstag, dem 27. Februar 1943, spielte sich vor dem Gebäude in der Rosenstraße 2–4 ein in den Augen der herrschenden Nationalsozialisten ungeheuerlicher Vorgang ab. Inmitten der Berliner Innenstadt formierten sich Frauen zum Widerstand gegen die Willkür des NS-Regimes. Obwohl seit 1933 in Deutschland jegliche Kritik am System gewaltsam unterdrückt wurde, demonstrierten vor dem Gebäude in der Rosenstraße 2–4/Ecke Heidereutergasse Hunderte nicht-jüdischer Frauen, einige mit ihren Kindern an der Hand, gegen die Inhaftierung und drohende Deportation ihrer jüdischen Familienangehörigen.

Der Propagandaminister und Berliner Gauleiter der NSDAP, Joseph Goebbels, hatte sich vorgenommen Adolf Hitler zu seinem 54. Geburtstag am 20. April ein »judenreines« Berlin zu »schenken«, wie er in seinem Tagebuch vermerkte. Er gab den Befehl, die noch in Berlin verbliebenen 27.000 jüdischen Männer, Frauen, Jugendliche und Kinder (1933 waren es noch rund 160.000) zu verhaften. Sie waren bislang von der Deportation ausgenommen gewesen, da sie, wie es die Nazis nannten, »arischversippt« waren, das hieß, sie besaßen einen nicht-jüdischen Ehepartner und lebten in einer so genannten Mischehe, oder sie hatten ein nichtjüdisches Elternteil und galten somit als »Mischlinge«. Am Morgen des 27. Februar stürmten die Nazis Wohnungen und Betriebe; die Journalistin Ruth Andreas-Friedrich, eine Zeitzeugin, schrieb hierüber in ihr Tagebuch: »Seit heute morgen um sechs Uhr fahren Lastautos durch Berlin. Eskortiert von bewaffneten SS-Männern. Halten vor Fabriktoren, halten vor Privathäusern. Laden Menschenfracht ein. Männer, Kinder, Frauen. Unter den grauen Planverdecken drängen sich verstörte Gesichter. Elendsgestalten wie Schlachtvieh zusammengepfercht und durcheinander gewürfelt. Immer neue kommen hinzu, werden mit Kolbenhieben in die überfüllten Wagen gestoßen.« Die Abtransportierten landeten in der ehemaligen jüdischen Sozialverwaltung in der Rosenstraße 2–4, deren Räume von den Nazis beschlagnahmt worden waren. Über Telefonketten der zu Hause wartenden Frauen wurden Gerüchte über den Verbleib der Angehörigen weitergegeben. Die Frauen machten sich auf den Weg in die Rosenstraße, um Näheres zu erfahren. Am späten Nachmittag hatten sich bereits einige hundert dort versammelt. Für sie gab es schnell Gewissheit, denn während sie dort warteten, fuhren immer wieder Lastwagen mit jüdischen Männer, Frauen und Kindern an ihnen vorbei. Bis zum Abend des 28. Februar waren es rund 2.000, die in die Rosenstraße gebracht wurden.

Der Protest weitete sich von Tag zu Tag aus, immer mehr Verwandte kamen hinzu, einige zogen in die nur 200 Meter von der Rosenstraße entfernt gelegene Gestapo-Leitstelle Berlin »Judenreferrat« in der Burgstraße 26. Verzweifelt riefen sie: »Gebt uns unsere Männer wieder!«, »Gebt uns unsere Kinder raus!« Für die Straßenbahn gab es kein Durchkommen mehr, der Verkehr musste umgeleitet werden. Auch während

des Bombenangriffs der Briten in der Nacht vom 1. auf den 2. März, bei dem die nur wenige hundert Meter entfernt gelegene St. Hedwigs-Kathedrale zerstört wurde, harrten die Frauen aus, den Bomben schutzlos ausgeliefert. Die Polizei versuchte die Versammlung mit Waffengewalt aufzulösen. Die Frauen brachten sich in Sicherheit, kamen aber wenig später zurück. Die Gestapo verhaftete einige von ihnen, die Übrigen aber gaben nicht auf. Andere schlossen sich ihnen an, die die Gefangenen gar nicht kannten, darunter sogar Soldaten der Wehrmacht. Am 5. März 1943 richtete man Maschinengewehre auf die Demonstrierenden – die Frauen blieben. Am Morgen des 6. März wurden 25 Gefangene aus der Rosenstraße nach Auschwitz deportiert. Wenig später aber folgte überraschend die Wende, die ersten konnten das Gebäude verlassen. Goebbels hatte den Befehl gegeben, alle inhaftierten Juden aus »Mischehen« und alle »Mischlinge« freizulassen. In sein Tagebuch schrieb er am 6. März 1943: »Es haben sich leider etwas unliebsame Szenen vor einem jüdischen Altersheim abgespielt, wo die Bevölkerung sich in großer Menge angesammelt und zum Teil sogar für die Juden etwas Partei ergriff. Ich gebe dem Sicherheitsdienst den Auftrag, die Judenevakuierung nicht ausgerechnet in einer so kritischen Zeit fortzusetzen.«
Heute steht eine Litfaßsäule dort, wo sich einst die Frauen versammelt hatten, und informiert über die Ereignisse vom Februar/März des Jahres 1943.
Das Haus der Rosenstraße 2–4 gibt es nicht mehr, dort befindet sich heute ein Park mit einem Denkmal der Bildhauerin Ingeborg Hunzinger. Etwas abseits des Denkmals steht eine Parkbank mit der Skulptur eines sitzenden jüdischen Mannes. Der Platz neben ihm ist leer und lädt zum Verweilen ein. – Den Juden war es während der Nazizeit verboten, sich auf öffentliche Parkbänke zu setzen.

→ **Denkmal Rosenstraße**
Rosenstraße/Ecke Heidereutergasse
10178 Berlin-Mitte; S-Bhf. Hackescher Markt
Bus 100, 143, 148, 200, 34; Tram 2, 3, 4, 5, 6

Wolfgang Huber

Dietrich Bonhoeffers Verhaftung

19

Das Bonhoeffer-Haus in der Marienburger Allee 43

Der 5. April 1943 war ein Montag. Dietrich Bonhoeffer, mit Schreib- und Redeverbot belegter Theologe, Mitarbeiter der Militärischen Abwehr des Admirals Canaris, Mitglied der Verschwörung gegen Hitler, befand sich – wie häufig in dieser Zeit – im Haus seiner Eltern in der Marienburger Allee 43. Im Jahr 1935 hatten seine Eltern dieses Haus nach eigenen Plänen errichten lassen. Dietrichs Schwester Ursula war mit ihrem Mann Rüdiger Schleicher in das zugleich gebaute Nachbarhaus, die Nummer 42, gezogen. Dietrich Bonhoeffer, mit seinen inzwischen 37 Jahren noch immer unverheiratet, hatte ein schlichtes Zimmer im Dachgeschoss.

Von diesem Haus aus versuchte er am Mittag des 5. April seine Schwester Christine von Dohnanyi in ihrem Sacrower Haus anzurufen. Sie war mit Hans von Dohnanyi verheiratet, dem juristischen Kopf des Widerstands, der über Jahre hinweg Belege über die Verbrechen des nationalsozialistischen Regimes gesammelt hatte. Gefährlich war dieses Material nicht nur für die Täter, gefährlich war es auch für Menschen, die darüber verfügten. Wenn bekannt wurde, was sie wussten, war offenkundig, dass es sich um »Staatsfeinde« handelte.

Als Dietrich Bonhoeffer in Sacrow anrief, meldete sich weder seine Schwester noch sein Schwager, sondern eine unbekannte Männerstimme. Bonhoeffer wusste sofort: Das war die Hausdurchsuchung. Er ging ins Nebenhaus zu seiner Schwester Ursula, um sich mit ihr zu beraten. Zurück im Dachzimmer seines Elternhauses, das für ihn immer Rückzugsmöglichkeit und Arbeitsort geblieben war, überprüfte er seinen Schreibtisch. Alles Wichtige war schon in Sicherheit gebracht, die Manuskripte zu dem Buch über »Ethik«, an dem er arbeitete, eingeschlossen. Unterlagen darüber, was er im Dienst der Militärischen Abwehr des Admirals Wilhelm Canaris getan hatte, fanden sich zu Hause ohnehin nicht. Das aufgezwungene Doppelspiel des Abwehrmitarbeiters, der zugleich Mitglied der Konspiration gegen Hitler war, sollte und musste verborgen bleiben.

Wenige Monate zuvor hatte Bonhoeffer für seine Freunde diese Zeilen zu Papier gebracht: »Wir sind stumme Zeugen böser Taten gewesen, wir sind mit vielen Wassern gewaschen, wir haben die Künste der Verstellung und der mehrdeutigen Rede gelernt, wir sind durch Erfahrung misstrauisch gegen die Menschen geworden und mussten ihnen die Wahrheit und das freie Wort oft schuldig bleiben, wir sind durch unerträgliche Konflikte mürbe oder vielleicht sogar zynisch geworden – sind wir noch brauchbar?« Auch dieser Text fand sich auf seinem Schreibtisch nicht mehr. So kehrte Dietrich Bonhoeffer noch einmal zu seinen Geschwistern im Haus 42 zurück. Gegen vier Uhr kam sein Vater, der berühmte Psychiater Karl Bonhoeffer, herüber und sagte: »Zwei Männer möchten dich oben in deinem Zimmer sprechen.« Es waren der Oberkriegsgerichtsrat Roeder und der Gestapomann Sonderegger; und es war die dritte Verhaftung, die die beiden an diesem Tag persönlich vornahmen.

Wolfgang Huber

Noch heute kann man Dietrich Bonhoeffers Arbeitszimmer unter dem Dach der Marienburger Allee 43 sehen. Das Haus ist nicht nur eine Gedenkstätte, sondern ein Denkort geworden. Hier treffen sich Menschen zu Gesprächen und zur gemeinsamen Arbeit. Das mittlere Stockwerk beherbergt die Familie eines Gefängnispfarrers. Neben seinem Hauptberuf nimmt er sich des Hauses und seiner Gäste an; Zivildienstleistende helfen ihm dabei. Die Erinnerung an Dietrich Bonhoeffer kann man nicht einfach hüten; man muss die Flamme weitertragen.

Als im Januar 2001 das Leitungsgremium des Ökumenischen Rates der Kirchen, eines weltweiten Zusammenschlusses christlicher Kirchen, in Potsdam und Berlin zusammentrat, hatten einige Teilnehmerinnen und Teilnehmer eine besondere Bitte. Sie wollten gern mit mir zusammen das Dietrich-Bonhoeffer-Haus besuchen. Wir wählten Dietrich Bonhoeffers 95. Geburtstag, einen Sonntag. In einem großen Gottesdienst hatten wir uns darauf verpflichtet, das Unsere beizutragen, um der Gewalt in unserer Welt entgegenzutreten, wie Bonhoeffer das auch getan hatte. Nun waren wir auf dem Weg zu dem Haus, in dem er niedergeschrieben hatte, was es bedeutete, in einer gewaltsamen Welt Verantwortung wahrzunehmen. Verantwortung kann die Bereitschaft zur Schuldübernahme einschließen. Denn dann genügt es nicht, selbst ein reines Gewissen zu haben. Es geht darum, wie eine nächste Generation leben kann.

Schlicht ist das Zimmer, in dem solche Gedanken erwogen und zu Papier gebracht wurden. Die Bücherregale aus kargem Fichtenholz enden an der Dachschräge. Doch Geborgenheit in angefochtener Zeit entsteht nicht aus der Größe des Raums, in dem ein Mensch lebt. Die Zelle 92 im Militäruntersuchungsgefängnis Tegel, in die Bonhoeffer von der Marienburger Allee aus gebracht wurde, war weit kleiner.

Am 9. April 1945, nach über zwei Jahren Haft, wurde Bonhoeffer – wie sein Schwager Hans von Dohnanyi – auf Hitlers unmittelbares Geheiß nach einem standgerichtlichen Verfahren im Konzentrationslager Flossenbürg umgebracht. 39 Jahre war er alt. In sechzehn stattlichen Bänden ist inzwischen gesammelt, was er geschrieben hat – nicht zuletzt in der Marienburger Allee.

In vielen Teilen der Welt gilt er als Hoffnungsträger. Die Gäste, mit denen ich am 4. Februar 2001 das Haus besuchte, begannen an seinem Schreibtisch in der Dachstube ein Dankgebet, erfüllt von der Gewissheit, hier habe etwas begonnen, was auch heute und morgen vielen Menschen Mut verleiht. In Südafrika oder in Japan, in Korea oder in den USA leben solche Menschen. Sie lesen, was in der Marienburger Allee geschrieben und durch das Zeugnis eines Lebens bewährt wurde. Und es gibt ihnen Kraft.

Erinnerungs- und Begegnungsstätte Bonhoeffer-Haus
Marienburger Allee 43, 14055 Berlin-Charlottenburg
Tel. 301 91 61, www.bonhoeffer-berlin.de
S-Bhf. Heerstraße (S 75)

Endstation Plötzensee

20

Gedenkstätte Plötzensee

Ausgerechnet der menschenverachtende nationalsozialistische Staat soll seinen Opfern in der Haftanstalt Plötzensee in ihren letzten Minuten vor der Hinrichtung äußerlich stilvoll gegenübergetreten sein: Der Henker im Cut, seine Helfer in schwarzen Anzügen, der dazu gebetene Kammergerichtsrat in roter Robe, der Anstaltsarzt im weißen Kittel; so berichtete der »Spiegel« (8/1979). Die Haftanstalt Plötzensee, 1879 in Betrieb genommen, wurde nach 1933 das zentrale Gefängnis des Naziregimes. Sie töteten hier deutsche und ausländischer Gegner des Regimes, die, ohne dass sie die Chance auf eine Verteidigung gehabt hätten, von einer Willkür-Justiz zum Tode verurteilt worden waren.

Während der Naziherrschaft sind an die 3.000 Menschen, der jüngste gerade siebzehn Jahre alt, hingerichtet worden. Von 1933 bis 1936 wurden die Urteile noch mit dem Handbeil auf dem Gefängnishof vollstreckt, 1937 war auf Hitlers Anordnung ein Fallbeil aufgestellt worden, für das eine Arbeitsbaracke zum Hinrichtungsraum umfunktioniert wurde. Die entscheidende Formulierung der grausamen Zeremonie lautete: »Scharfrichter, walten Sie Ihres Amtes!«, die nach getaner Arbeit mit »Herr Staatsanwalt, das Urteil ist vollstreckt« beantwortet wurde. Zwischen diesen beiden Sätzen lagen in Friedenszeiten 20 bis 25, in Kriegszeiten nur noch vier bis sieben Sekunden. Als Ende 1942 die Mitglieder der Roten Kapelle (Bezeichnung für eine Widerstandsbewegung, in der mehrere Gruppen zusammengearbeitet hatten) zum Tode verurteilt wurden, ließ man eigens für sie einen Stahlträger mit acht Eisenhaken anbringen. Sie sollten den besonders demütigenden Tod durch Erhängen erleiden. Scharfrichter Wilhelm Friedrich Röttger berichtete später: »Den Verurteilten wurde die Schlinge um den Hals gelegt, dann wurden sie hochgehoben. Dann habe ich die Schlinge, wie man einen Rock aufhängt, an einem Haken befestigt.«

Während bis 1933 nur Mord und schwere Sprengstoffverbrechen mit der Todesstrafe geahndet werden durften, konnten die nach Hitlers Machtergreifung gebildeten Sondergerichte und der 1934 gegründete Volksgerichtshof für nahezu alle Delikte das Todesurteil aussprechen. Besonders berüchtigt war der Richter Dr. Roland Freisler, ab 1942 Präsident des Volksgerichtshofes. Er demütigte und verhöhnte die Häftlinge, unterdrückte jede Verteidigung und brüllte seine Willkür-Urteile in den Saal – bis er bei einem Bombenangriff der Alliierten am 3. Februar 1945 im Volksgerichtshof von einem herabstürzenden Balken erschlagen wurde.

Für den Aufenthalt der Häftlinge bekamen die Angehörigen aus Plötzensee eine Rechnung zugeschickt, in der jeder Hafttag mit 1,50 Reichsmark, die Hinrichtung mit 300 Reichsmark und für die Zusendung der Rechnung 12 Pfennig Porto berechnet wurden. Für die Richter war der Terror ein lohnendes Geschäft. Zusätzlich zum Gehalt von 3.000 Reichsmark erhielten sie zunächst für jede Hinrichtung 60 und später 65 Reichsmark.

Heute dient das ehemalige Zuchthaus Plötzensee dem Berliner Senat als Gefängnis. Der letzte prominente Insasse war Ex-SED-Chef Egon Krenz. Verurteilt wurde er wegen der Todesschüsse an der Mauer, für die er als ehemaliges Politbüromitglied die Verantwortung mittrug. Seine Haftstrafe von sechs Jahren und sechs Monaten verbüßte Krenz ab dem 13. Januar 2000, Ende 2003 wurde er vorzeitig aus der Haft entlassen.
Das Gelände um die alte Hinrichtungsbaracke gehört seit 1951 nicht mehr zur Haftanstalt und ist seit 1952 Gedenkstätte für die Opfer des Nationalsozialismus. An den Fenstern der Hinrichtungsbaracke sind noch die Befestigungen für die Verdunkelungen zu sehen. Dort, wo einst die Guillotine stand, ist der Fußboden nachträglich ausgebessert worden, ein leichtes Gefälle im Boden führt zum Abflussrohr, neben dessen Eisenrost auch heute immer ein Kranz für die Opfer liegt.

Gedenkstätte Plötzensee
Hüttigpfad, 13627 Berlin-Charlottenburg
Tel. 344 32 26, www.gedenkstaette-ploetzensee.de
Bus TXL vom S-Bhf. Beusselstraße (S 41, 42)
Geöffnet täglich, März bis Oktober 9–17 Uhr
November bis Februar 9–16 Uhr
Eintritt: frei

Die Männer des 20. Juli

21

In der Gedenkstätte Deutscher Widerstand, Stauffenbergstraße

Er war innenpolitisch vielleicht Hitlers gefährlichster Gegner: Oberst Claus Schenk Graf von Stauffenberg plante gemeinsam mit anderen Gegnern den Umsturz des Hitlerregimes und verübte am 20. Juli 1944 ein Attentat auf Hitler. Sein ehemaliges Arbeitszimmer im historischen Bendlerblock, einst Sitz des Oberkommandos des Heeres, heute des Bundesverteidigungsministers, ist leer geblieben. Als Teil der Gedenkstätte Deutscher Widerstand dient es der Erinnerung an einen der mutigsten Deutschen. Aus diesem Zimmer heraus organisierte er das Attentat, das letztendlich fehlschlug. Er selbst wurde am Abend des 20. Juli im Hof des Bendlerblocks erschossen.

Von Stauffenberg, 1907 in Bingen geboren, gehörte in den ersten Jahren keineswegs zu den Kritikern des NS-Regimes, die militärischen Erfolge der Wehrmacht zu Beginn des Zweiten Weltkriegs hatten ihn zunächst sogar beeindruckt.
Erst angesichts der Massenmorde an den Juden, Polen und Russen durch die SS und Teile der Wehrmacht wandte sich der Katholik vom Hitler-Regime ab und wurde Mitglied des Widerstandskreises um General Friedrich Olbricht und Oberst Albrecht Ritter Mertz von Quirnheim. Nach einer schweren Verwundung, bei der er ein Auge, die rechte Hand und Finger der linken Hand verlor, wurde er im September 1943 in die Heeresleitung nach Berlin versetzt. Sein neuer Einsatzort war fortan der Bendlerblock, wo er General Friedrich Olbricht unterstand. Erst nach den Verhaftungen mehrerer Gruppenmitglieder übernahm von Stauffenberg Anfang Juli 1944 die zentrale Aufgabe in einem von den Verschwörern ausgearbeiteten Plan: die Ermordung Adolf Hitlers. Stauffenberg besaß direkten Zugang zum Umfeld Hitlers. Am 20. Juli 1944 flog er in das 450 Kilometer entfernte Führerhauptquartier »Wolfsschanze« nahe dem ostpreußischen Rastenburg. Mit der Sprengladung in der Aktentasche betrat er die Lagebaracke, stellte die Tasche in unmittelbarer Nähe Hitlers am rechten Tischbein ab und verließ unter dem Vorwand, ein Telefonat führen zu müssen, die Besprechung. Wenige Minuten danach explodierte die Bombe. Stauffenberg beobachtete das Geschehen aus 200 Meter Entfernung und flog anschließend zurück nach Berlin. Was er zu diesem Zeitpunkt nicht wusste: Von den 24 Personen, die an der Lagebesprechung teilgenommen hatten, wurden nur fünf getötet, Hitler selbst erlitt lediglich leichte Verletzungen. Zurück in Berlin, hatte sich die Meldung von dem gescheiterten Attentat längst herumgesprochen – und dennoch starteten die Männer des 20. Juli, wie sie heute genannt werden, Teil zwei ihres Umsturzplanes. Unter dem Decknamen »Walküre« hatten sie die Übernahme der militärischen, aber auch der politischen Macht geplant. Nach diesem Plan sollte die Gewalt im Staate zunächst an jene Offiziere übergehen, die zum Kreis der Verschwörer zählten. Anschließend waren freien Wahlen geplant. Das Zentrum Berlins sollte zunächst durch Verbände des Ersatzheeres gesichert werden. Und tatsächlich setzten sich am Nachmittag in Berlin und der

näheren Umgebung erste Verbände auf Befehl des Stadtkommandanten in Marsch. Der von Hitlers Intimus Goebbels geleitete Gegenschlag war allerdings schon im Laufe des späten Nachmittags von Erfolg gekennzeichnet. Von Stauffenberg und seine Mitstreiter versuchten zwar in den wenigen ihnen noch verbleibenden Stunden weitere Offiziere zu gewinnen, aber nahezu ohne Ergebnis. Am Abend des 20. Juli saß von Stauffenberg in seinem Arbeitszimmer, der Bendlerblock war umstellt von Angehörigen des Wachbataillons. Gegen 22 Uhr wurden die Männer verhaftet. In den folgenden Minuten kam es zu dramatischen Szenen. Einer der Mitverschwörer, Generaloberst Ludwig Beck, verweigerte die Abgabe seiner Waffe und schoss sich in den Kopf. Der Schuss saß aber nicht richtig, so dass Beck ein zweites Mal den Revolver ansetzte, wieder ohne Erfolg. Ein Offizier der Wehrmacht gab ihm schließlich den dritten und tödlichen Schuss. Kurz vor Mitternacht wurden von Stauffenberg und seine Mitstreiter erschossen – im Scheinwerferlicht eines Wehrmachts-LKW. »Es lebe das heilige Deutschland«, waren – so Nicholas Reynolds – von Stauffenbergs letzte Worte. Im Zuge der nun folgenden Verhaftungsaktion »Gewitter« ließ die Gestapo über 600 Menschen verhaften und mehrere hundert, die tatsächlich oder vermeintlich mit Stauffenberg zusammengearbeitet hatten, in Plötzensee hinrichten.

Die Gedenkstätte Deutscher Widerstand informiert in einer Ausstellung mit über 5.000 Fotos und zahlreichen Originaldokumenten über den Widerstand gegen den Nationalsozialismus.

Gedenkstätte Deutscher Widerstand
Stauffenbergstraße 13–14, 10785 Berlin-Tiergarten
Tel. 26 99 50 00, www.gdw-berlin.de
Bus 129; 200; 148, 348
Geöffnet: Montag bis Mittwoch und Freitag 9–18 Uhr
Donnerstag 9–20 Uhr, Samstag, Sonntag und Feiertag 10–18 Uhr
Weihnachten, Silvester und Neujahr geschlossen
Führungen jeden Sonntag 11 Uhr; Eintritt: frei

Der Führerbunker

22

Umrisse des Haupt- und Vorbunkers, fotografiert aus der Wilhelmstraße 92

Nur rund hundert Meter Luftlinie entfernt vom Brandenburger Tor befand sich der Bunker, in dem Adolf Hitler die letzten 105 Tage des Krieges verbrachte und in dem er am 30. April 1945 Selbstmord beging. Die Überreste des so genannten Führerbunkers liegen noch heute unter der Erde verborgen; nahezu in Sichtweite des Holocaust-Mahnmals, das an die sechs Millionen während der Hitler-Diktatur ermordeten Juden erinnert.

Der Führerbunker bestand aus zwei Teilen. Zum einen aus dem Luftschutzkeller oder auch Vorbunker, der 1935 unter dem Saalneubau der Alten Reichskanzlei in der Wilhelmstraße 77 errichtet worden war. Der

1936 fertig gestellte 15,50 Meter lange und 18,50 Meter breite Bau hatte 19 Räume. Die Wände in Ost-West-Richtung waren 40 Zentimeter dick, dic in Nord Süd-Richtung sogar 50 Zentimeter. Die Decke, die nur 1,50 Meter unter der Erde lag, maß 1,60 Meter. Als am 16. und 17. Januar 1943 die Engländer wieder ihre verheerenden Bombenangriffe auf die Stadt flogen, gab Hitler am nächsten Tag, wie in dem Buch »Mythos Führerbunker« beschrieben, den Befehl zum Bau eines zusätzlichen, stärker gesicherten Bunkers im Garten der Reichskanzlei. Rüstungsminister Albert Speer verfügte deshalb: »Da der Luftschutzbunker unter der Reichskanzlei nur eine Deckenstärke von 1,60 Metern hat, ist im Garten sofort ein Bunker nach den neuen Abmessungen (3,5 Meter Decke, 3,5 bis 4 Meter Seiten), aber mit denselben innenwendigen Abmessungen wie der jetzt vorhandene Führerbunker zu bauen.« So entstand im Garten der Alten Reichskanzlei in 8,50 Meter Tiefe ein weiterer Bunker mit 20 Räumen und einer Nutzfläche von 250 Quadratmetern. Oberhalb der Erde lagen ein Betonturm, der der Entlüftung des Bunkers diente, und der Ausgang in den Garten. Dieser zweite Teil des Führerbunkers lag rund zwei Meter tiefer als der Vorbunker unter dem Festsaal. Beide Bereiche waren über eine zehnstufige Treppe unterirdisch miteinander verbunden. Gassichere Stahltüren riegelten sowohl den Eingang am Garten als auch den Übergang zum Vorbunker ab. Der Boden des Hauptbunkers bestand aus Steingutfliesen, die immer feucht waren, da die Betonsohle im Grundwasser lag. Das einsickernde Wasser wurde zwar ständig abgepumpt, doch die Feuchtigkeit blieb. Auch waren die Räume eher klein ausgefallen. Christa Schroeder, eine Sekretärin Hitlers, schrieb in ihrem Buch »Er war mein Chef«: »Das Arbeitszimmer wurde völlig beherrscht von einem Bildnis Friedrichs des Großen, das über dem Schreibtisch hing. Mit seinen großen traurigen Augen blickte der Alte Fritz mahnend herab. Die bedrückende Enge des Raumes und die ganze Stimmung wirkten sehr deprimierend. Wenn jemand durch das Zimmer gehen wollte, mußten die Sessel weggerückt werden.«

Als die Bombenangriffe der Alliierten Ende Februar, Anfang März 1945 noch einmal verstärkt wurden, bezog Hitler endgültig den Hauptbunker, den er von da an so gut wie gar nicht mehr verließ. Christa Schroeder über den Tagesablauf im Bunker: »Oft begann die letzte

Lagebesprechung erst nach Mitternacht und dauerte zwei bis drei Stunden. Dann gab es in Hitlers Wohnzimmer den üblichen Tee und immer flachere Gespräche. Hitler spielte oft mit den Hunden. Dann verabschiedete er sich, um sich zurückzuziehen, was in der letzten Zeit gewöhnlich gegen fünf oder sechs Uhr in der Früh der Fall war. Viel Zeit zum Schlafen blieb da nicht, da es regelmäßig gegen elf Uhr Fliegeralarm gab. Hitler blieb nicht liegen. Er stand auf und zog sich an, da er befürchtete, dass durch eine schräg fallende Bombe einmal die Seitenwand des Bunkers getroffen und aufgerissen werden könnte. Nach dem Alarm, der meist bis zum Mittagessen um 14:00 Uhr dauerte, berief Hitler eine Nachmittagslage ein, und das Abendessen fand gewöhnlich gegen 21 oder 22 Uhr statt.«

Am 7. März 1945 zog Eva Braun ein, die Hitler noch am 29. April im Bunker heiratete. Einen Tag später, am 30. April, erschoss sich Hitler zwischen 15.15 und 15.30 Uhr auf dem Sofa in seinem Wohnzimmer, neben ihm sitzend starb Eva Braun – sie hatte Gift eingenommen. Anschließend wurden beide gemäß Hitlers Wunsch im Garten der Reichskanzlei verbrannt. Die verkohlten menschlichen Überreste wurden von Soldaten der Roten Armee entdeckt.

Im Jahr 1946 versuchten die Alliierten das erste Mal, den Bunker zu sprengen. Das zweite Mal 1947. Über mehrere Jahrzehnte waren die Ruinen des Führerbunkers unter aufgeschütteter Erde verborgen. Erst 1988 wurden der überirdischen Bereich gänzlich und ein Teil der unterirdischen Räume beseitigt. Die Reste des Bunkers befinden sich noch heute unter der Erde, begraben unter dem Asphalt eines Parkplatzes.

Der Parkplatz über dem ehemaligen Führerbunker befindet sich an der Ecke Gertrud-Kolmar-Straße/In den Ministergärten
10117 Berlin-Mitte
S- und U-Bhf. Potsdamer Platz (S 1, 2, 25, U 2)
U-Bhf. Mohrenstraße (U 2); Bus 148, 200, 248, 348

Das Berlin der SED

Schon gleich nach der Einnahme Berlins durch die Rote Armee setzte die Sowjetunion alles daran, ihren Einfluss in der ehemaligen Reichshauptstadt zu sichern, um sie möglichst bald allein kontrollieren zu können. Berlin lag nicht nur in ihrer Besatzungszone, sondern besaß auch einen überaus hohen symbolischen Wert. Von hier aus war der Krieg geplant und geführt worden, der der Sowjetunion mit 20 Millionen Toten die größte Zahl an Kriegsopfern abverlangt hatte. Bereits am 9. Mai 1945, einen Tag nach dem offiziellen Kriegsende und 53 Tage vor Eintreffen der britischen und amerikanischen Alliierten, gründeten die aus dem Moskauer Exil zurückkehrenden deutschen Kommunisten der »Gruppe Ulbricht« in der Prinzenallee ihr erstes Hauptquartier. Von ihr unterstützt, besetzte die Sowjetunion die Schlüsselpositionen in der Verwaltung und in der Wirtschaft mit Kommunisten. In dem im Mai von der sowjetischen Militäradministration eingesetzten Magistrat waren sieben der vierzehn Stadträte Kommunisten. Im April 1946 erfolgte die Zwangsvereinigung von SPD und KPD in der sowjetischen Besatzungszone und im sowjetischen Sektor. Die SPD-Mitglieder in den drei Westsektoren lehnten den Zusammenschluss mit der KPD per Urabstimmung ab. Bei der ersten und bis zur Wiedervereinigung einzigen freien Wahl in Gesamt-Berlin am 20. Oktober 1946 ging die SPD mit 48,7 Prozent der Stimmen klar als Wahlsieger hervor, die SED lag mit 19,8 Prozent noch hinter den Christlichen Demokraten. Damit setzte die Berliner Bevölkerung ein deutliches Zeichen gegen den Kommunismus. Den im Juni 1947 zum Oberbürgermeister gewählten SPD-Politiker Ernst Reuter, einen Antikommunisten, lehnte die Sowjetunion ab, der Alliierte Kontrollrat akzeptierte das Veto.

Die Stadt war bereits zu diesem Zeitpunkt politisch zweigeteilt. Aus Protest gegen die Währungsreform der westlichen Alliierten im Februar 1948 verließen die sowjetischen Besatzer den Alliierten Kontrollrat und verhängten im Juni 1948 die so genannte Berliner Blockade, die elf Monate dauerte und den geeigneten Vorwand für den Ausbau der bis dahin eher provisorischen, mitten durch Berlin verlaufenden Grenze zum sowjetischen Sektor lieferte. Immer wieder kam es zu Störungen

Abbildung S. 83: Enthüllung des Lenin-Denkmals in Ost-Berlin am 19. April 1970

der parlamentarischen Arbeit durch die Kommunisten. So stürmten SED-Demonstranten am 6. September 1948 den Sitzungssaal der Gesamt-Berliner Stadtverordnetenversammlung, der sich damals im Neuen Stadthaus im sowjetisch verwalteten Bezirk Mitte befand. Die Sitzung musste abgebrochen werden. Schließlich zog der frei gewählte Magistrat am 1. Dezember 1948 in den amerikanischen Sektor um; in Ost-Berlin wurde ein von den sowjetischen Behörden genehmigter Magistrat eingesetzt. Bei den eigentlich für ganz Berlin vorgesehenen Neuwahlen am 5. Dezember 1948 durften nur noch die Bürger der Westsektoren ins Wahllokal gehen, Ernst Reuter wurde erneut zum Oberbürgermeister gewählt und konnte jetzt sein Amt antreten.

Am 23. Mai 1949 wurde die Bundesrepublik gegründet, am 7. Oktober 1949 die Deutsche Demokratische Republik (DDR). Walter Ulbricht, der bisherige und künftige SED-Chef, war nun auch der erste Mann im Staate. Ihm zur Seite standen die sowjetischen Generäle, die in Berlin-Karlshorst Quartier bezogen hatten. Ohne sowjetische Hilfe wäre das SED-Regime vielleicht schon im Zuge der Massenproteste vom 17. Juni 1953 zusammengebrochen. Die SED-Führung hatte früh den Kontakt mit der eigentlichen Bevölkerung verloren, weitgehend abgekapselt lebten die Funktionäre zunächst im Pankower »Städtchen«, um dann, beunruhigt durch den Ungarnaufstand 1956, ab Sommer 1960 in die eigens für sie gebaute Waldsiedlung Wandlitz umzuziehen. Umgeben von einer Mauer und versorgt mit Westprodukten aller Art, führte die Nomenklatur der Partei hier ihr Eigenleben.

Das in den fünfziger Jahren beginnende »Wirtschaftswunder« und die politische Freiheit im Westen waren für viele Ostdeutsche der Grund, die DDR zu verlassen. Hunderttausende ließen ihr Hab und Gut zurück, flohen über die offene Grenze in Berlin, um in der Bundesrepublik ein neues Leben zu beginnen. Für die Wirtschaft der DDR hatte dies überaus negative Folgen, denn zu den Flüchtlingen zählten vor allem qualifizierte Arbeitskräfte, die dem Staat so verloren gingen.

Bereits am 10. November 1958 forderte der sowjetische Ministerpräsident Nikita Chruschtschow deshalb von den Westmächten, »auf die Reste des Besatzungsregimes in Berlin zu verzichten, um damit eine normale Lage in der Hauptstadt der DDR zu ermöglichen«. Rund zwei Wochen spä-

ter, am 27. November, verlangte er die »Umwandlung West-Berlins in eine selbständige politische Einheit auf dem Boden der DDR«. Chruschtschow setzte dem Westen eine Frist von sechs Monaten, um den Abzug in die Wege zu leiten und das Modell der »Freien Stadt«, wie er es nannte, umzusetzen. Die Westmächte wiesen das sowjetische Ultimatum jedoch zurück. US-Präsident John F. Kennedy machte den Sowjets wiederholt deutlich, dass an einen Abzug des Westens aus Berlin nicht zu denken sei: »Wir können und wir dürfen es nicht zulassen, dass uns die Kommunisten aus Berlin hinauswerfen.« Die Einhaltung der amerikanischen Verpflichtungen sei wesentlich für die Einheit Westeuropas »und für den Glauben der ganzen freien Welt.« Der Flüchtlingsstrom stieg unterdessen weiter an. Allein 1960 kamen 200.000 DDR-Flüchtlinge in den Notaufnahmelagern an, ein Großteil davon in West-Berlin.
In der Nacht zum 13. August 1961 begannen Einheiten der DDR-Volkspolizei und der Betriebskampfgruppen an den Straßenübergängen nach West-Berlin Stacheldraht zu verlegen, das Pflaster aufzureißen und Betonpfähle in den Boden zu lassen. Einige Tage später fingen die eigentlichen Bauarbeiten an der Berliner Mauer an, die zunächst aus Mauersteinen bestand. Der deutsch-deutsche Grenzverkehr kam zum Erliegen. Die DDR, nun abgeschottet gegen den Westen, schritt zur Verstaatlichung der meisten noch existierenden Privatbetriebe, das Ministerium für Staatssicherheit, dessen Zentrale sich später in der Normannenstaße in Berlin-Lichtenberg befand, wurde massiv aufgerüstet, um die eigene Bevölkerung zu bespitzeln und um Oppositionelle auszuschalten. Mit aufwendigen Investitionen wurde Ost-Berlin zur repräsentativen Hauptstadt der DDR ausgebaut. Ost-Berlin erlebte in den 28 Jahren des Bestehen der Mauer einen regelrechten Bauboom, während der Wohnungsbestand in der gesamten DDR noch im Wendejahr 1990 zu 70 Prozent aus Vorkriegszeiten stammte.
Dringend notwendige politische Reformen fanden während dieser Zeit jedoch nicht statt. Der seit Anfang der siebziger Jahre regierende Erich Honecker wehrte sich bis zum Schluss vehement dagegen. Als die Grenze zwischen Ungarn und Österreich im Sommer 1989 geöffnet wurde, gingen Zehntausende DDR-Bürger in den Westen, andere flohen in die westdeutschen Botschaften in Prag und Budapest, um ihre

Ausreise aus dem Arbeiter- und Bauernstaat zu erzwingen. In den Kirchen, bekannt wurden vor allem die Gethsemane-Kirche und die Zionskirche, traf sich die oppositionelle Bürgerbewegung. Ihre Anhänger veranstalteten Mahnwachen, Gedenkgottesdienste, Fastenaktionen, forderten ein Ende der SED-Alleinherrschaft und die Freilassung inhaftierter Mitstreiter. Erich Honecker und die SED standen den Ereignissen hilflos gegenüber. Ab September demonstrierten zuerst in Leipzig, später auch in Ost-Berlin jeden Montag Tausende und forderten unter der Losung »Wir sind das Volk« umfassende politische Reformen und Reisefreiheit. Bei einigen Veranstaltungen ging die Volkspolizei gegen die Demonstranten vor, trieb sie auseinander, verhaftete Hunderte. Ermuntert durch die Reformpolitik Michael Gorbatschows in der Sowjetunion, schlossen sich aber immer mehr Menschen den Protesten an. Als Gorbatschow anlässlich des 40. Jahrestages der DDR Berlin besuchte, zogen am Abend des 7. Oktober 3.000 Menschen vom Alexanderplatz in Richtung Palast der Republik. Ihre Rufe: »Gorbi, Gorbi« und »Freiheit, Freiheit«, schallten durch die Straßen. An den folgenden Tagen fanden weitere Demonstrationen statt, teilweise mit hunderttausend Teilnehmern. Am 18. Oktober musste Erich Honecker nach achtzehnjähriger Amtszeit zurücktreten. Am 4. November gingen eine Million Menschen in Ost-Berlin auf die Straße, um der Forderung nach mehr Demokratie Nachdruck zu verleihen. Die neue Führung unter Egon Krenz sagte schließlich Reformen zu. Am 9. November 1989 gab ZK-Politbüromitglied Günter Schabowski auf einer internationalen Pressekonferenz mit einer unbedachten Äußerung die Öffnung aller Grenzübergänge noch in der selben Nacht bekannt – der Anfang vom Ende der DDR hatte begonnen. Aus Ost- und West-Berlin strömten die Menschen zu der nun offenen Grenze, fielen sich in die Arme, tanzten auf der Mauer. Nach den ersten freien Wahlen zur Volkskammer im Frühjahr 1990 folgte im Sommer die Währungs-, Wirtschafts- und Sozialunion mit der Bundesrepublik, die am 3. Oktober 1990 in die staatliche Einheit mündete. Erich Honecker durfte nach Chile emigrieren, Egon Krenz und andere Führungsmitglieder wurden in Haft genommen, einige von ihnen erhielten später wegen der Schießbefehle und der Toten an der Mauer mehrjährige Haftstrafen.

Das Foltergefängnis der Sowjets

23

Gedenkstätte Hohenschönhausen

Im Untersuchungsgefängnis Hohenschönhausen ist noch heute die Vergangenheit spürbar: Opfer von einst sind es, die Besuchergruppen durch das ehemalige Gefängnis führen und von ihrer oft jahrelangen Haftzeit erzählen.

Das Gelände, auf dem sich ursprünglich eine Maschinenfabrik befand, wählte Ende der dreißiger Jahre die Nationale Volkswohlfahrt als Standort für eine Großküche aus. Nach dem Einmarsch der Roten Armee im Mai 1945 wurde in dem alten Gebäude das so genannte Speziallager 3 eingerichtet, ein Sammel- und Durchgangslager für Kriegsverbrecher, NS-Funktionäre und Personen, die von den Sowjets als gefährlich eingeschätzt wurden – sogar dreizehnjährige Kinder waren unter ihnen. Ihre Internierung entsprach, so behaupteten es zumindest die sowjetischen Behörden, den in Jalta und Potsdam von den Siegermächten getroffenen Vereinbarungen zur Entnazifizierung Deutschlands. Der Umgang mit den Häftlingen allerdings war gekennzeichnet von Willkür und Gewalt. Das Besatzungsrecht wurde dazu missbraucht, Feinde und politische Gegner zu demütigen oder auch zu beseitigen. Die Möglichkeit, sich von einem Anwalt verteidigen zu lassen, gab es für die meisten nicht. Ohne von einem sowjetischem Gericht verurteilt worden zu sein, blieben sie oft jahrelang in Haft und mussten Zwangsarbeit für die Sowjets leisten. Die hygienischen Verhältnisse waren katastrophal, die Ernährung mangelhaft. Im Winter blieben die Zellen ungeheizt, und es gab keine Decken. Infolge der schlechten Versorgung und der Überbelegung breiteten sich Epidemien und Krankheiten aus. Offiziell registrierten die Sowjets den Tod von 886 Menschen – eine offenbar geschönte Zahl. Neuere Recherchen der Gedenkstätte Berlin-Hohenschönhausen ergaben, dass hier vermutlich über 3.000 Menschen ihr Leben ließen. Die Toten vergrub man notdürftig auf den umliegenden Schuttabladeplätzen und in Bombentrichtern.

Im Oktober 1946 schlossen die Sowjets das Speziallager Nr. 3, um an selber Stelle das Zentrale Sowjetische Untersuchungsgefängnis für Ostdeutschland unterzubringen. Im Keller richteten sie das so genannte U-Boot ein, unterirdische bunkerähnliche Zellen ohne Fenster, wo die Häftlinge durch Folter und psychischen Terror zu Geständnissen gezwungen wurden. Laut Hausordnung durften die Häftlinge sich nur nachts, von 22 bis 6 Uhr, hinsetzen oder hinlegen. Häufig fanden jedoch in dieser Zeit die Verhöre statt, sodass die Häftlinge oft tagelang weder schlafen noch ausruhen konnten. Wärter kontrollierten die Einhaltung der Hausordnung, sahen alle paar Minuten durch die Öffnung in der Zellentür. Vor den Türen lagen Teppiche, damit die Wärter sich unbemerkt nähern konnten. Sobald die Häftlinge ein Geständnis – oftmals in russischer Sprache verfasst, sodass sie den Inhalt nicht verstehen konnten – unterschrieben hatten, lockerten sich die Haftbedingungen. Sie wurden in der Regel zu langjähriger Zwangsarbeit verurteilt. Das U-Boot gilt heute als Beispiel für die brutale Haftpolitik der sowjeti-

schen Besatzungsmacht, die nach Jahren des Hitlerterrors nicht frei war von Rachegelüsten – rund 20 Millionen Menschen der Sowjetunion, davon ein Großteil Zivilisten, waren im Krieg gestorben, der mit dem Überfall der Deutschen im Sommer 1941 begonnen hatte.
1951 übergaben die Sowjets das Gefängnisgelände an die Regierung der 1949 gegründeten Deutschen Demokratischen Republik (DDR). Es diente nunmehr als Zentrale Untersuchungshaftanstalt des Ministeriums für Staatssicherheit (MfS). Die Haftbedingungen waren jetzt erträglicher, es gab keine körperliche Folter mehr. Festgesetzt wurden in Hohenschönhausen Menschen, die Kritik an der DDR und der kommunistischen Diktatur geübt hatten, darunter der SED-Dissident und spätere Mitbegründer der Partei Die Grünen, Rudolf Bahro, und der Schriftsteller Jürgen Fuchs.
Im Jahr 1989 gehörten zum Verwaltungsbereich der Haftanstalt insgesamt 739 Beschäftigte, doch die meisten Menschen in der DDR wussten nicht einmal von der Existenz dieser riesigen Haftanstalt; auch auf dem Stadtplan Ost-Berlins suchte man sie vergebens. Am 3. Oktober 1990, nach dem Tag der deutschen Einheit, übernahm die Berliner Senatsverwaltung für Justiz die Haftanstalt, wenig später verfügte man die Schließung. In den Folgejahren entstand hier die Gedenkstätte Berlin-Hohenschönhausen. Seit dem Sommer 1994 sind die weitgehend im Originalzustand erhaltenen Räumlichkeiten zu besichtigen. Auf dem Gelände existiert ein Zeitzeugen-Archiv, in dem Tonbandaufnahmen, Fotos und Gerichtsakten, aber auch die Stasiunterlagen ehemaliger Häftlinge eingesehen werden können.

Stiftung Gedenkstätte Berlin-Hohenschönhausen
Genslerstraße 66, 13055 Berlin-Hohenschönhausen
Tel. 98 60 82 30, www.stiftung-hsh.de
Tram 6, 7, 17 vom S-Bhf. Landsberger Allee; Bus 256
Geöffnet täglich 9–18 Uhr. Besichtigung der Haftanstalt jedoch nur mit Führung: Montag bis Freitag 11 und 13 Uhr
Samstag, Sonntag stündlich 10–16 Uhr; Eintritt frei

Ulbrichts erstes Hauptquartier

24

In dieser Gaststätte tagte die »Gruppe Ulbricht« 1945

Außen grau, innen rot: Im Berliner Stadtteil Friedrichsfelde, Prinzenallee 80, heute Einbecker Straße 41, befand sich 1945 die erste Zentrale der aus Moskau zurückgekehrten deutschen Kommunisten. Im Parterre des unscheinbaren, vierstöckigen Wohnhauses plante der spätere Staats- und Parteichef der DDR, Walter Ulbricht, seine Strategie für eine spätere Machtübernahme. Bereits einen Tag nach dem offiziellen Kriegsende, also am 9. Mai 1945, bezogen hier zehn handverlesene Kommunisten ihr Quartier, die als »Gruppe Ulbricht« in die Geschichtsbücher eingingen. Vorrangiges Ziel war zunächst, bei der Besetzung von Schlüsselpositionen innerhalb der neuen Stadtverwaltung den west-

lichen Alliierten zuvorzukommen. Wolfgang Leonhard, Mitglied der Gruppe Ulbricht und späterer Dissident, erinnert sich, dass hier in der Prinzenallee 80 die erste wichtige Anweisung Ulbrichts erfolgte: »Bald, wahrscheinlich Anfang Juli, treffen die westlichen Alliierten in Berlin ein. Bis dahin müssen die Verwaltungen fix und fertig stehen. Von nun an konzentriert ihr euch alle auf die zwölf westlichen Bezirke, die acht Bezirke des Sowjetsektors können noch warten, das machen wir später.«
Unterstützt von Hunderten Berliner Kommunisten, die im Untergrund überlebt hatten, oder aus Lagern oder Zuchthäusern zurückkehrten, wurden in der Prinzenallee 80 jene Herrschaftsrituale eingeübt, die Ulbricht später auf die gesamte DDR übertrug. Ihm ging es um totale Kontrolle, er unterdrückte jede Selbständigkeit, Widerspruch war zunächst unerwünscht, später dann verboten. Kaum ein anderer deutscher Kommunist der damaligen Zeit hatte das Kaderprinzip gleichermaßen verinnerlicht wie er, was teilweise zu einem bizarren Treiben führte, wie sich Leonhard erinnerte: So widmete sich die Gruppe Ulbricht bereits in den ersten Tagen dem Aufspüren politischer Gegner, die sie vor allem auf Seite der Linken vermuteten. Leonhard berichtete später, dass er beispielsweise den Spezialauftrag bekam, die nach Leo Trotzki (1879–1940) benannten Trotzkisten, Mitglieder einer kommunistische Splittergruppe, aufzusuchen. Später schrieb er darüber: »So mußte ich mich, wenige Tage nach dem Zusammenbruch des Dritten Reiches, im zerstörten, hungernden, teilweise noch brennenden Berlin, auf die Suchen nach Trotzkisten in Reinickendorf machen. Dieser Auftrag war mir äußerst unangenehm – weit lieber hätte ich nach Nazis gefahndet.«
Die Gruppe Ulbricht hielt sich vor allem in der Parterrewohnung der Prinzenallee auf, in der ein großes Arbeitszimmer und ein Büroraum eingerichtet waren. Als Konferenzraum diente das schräg auf der anderen Straßenseite gelegene Lokal »Rose«, das heute »Liebezeit« heißt. Hier wurden alle grundlegenden Fragen wie der Aufbau der Verwaltung, die Bildung des Magistrats und die Neugründung der KPD besprochen. Fast jeden Sonntag trafen sich am Vormittag 80 bis 100 aktive Kommunisten, um aus ihren Bezirken zu berichten und Ulbrichts Anweisungen entgegenzunehmen. Auch der spätere Partei- und Regierungschef der DDR, Erich Honecker, betrat hier zum ersten Mal die po-

litische Bühne der späteren DDR. Der damals dreiunddreißigjährige Kommunist und ehemalige Dachdeckerlehrling war gerade nach zehnjähriger Haft wegen Hochverrats aus dem Zuchthaus Brandenburg von der Roten Armee befreit worden. Kurz darauf tauchte er in der Prinzenallee auf, lernte Ulbricht kennen und wurde von ihm bald zum Jugendsekretär der KPD ernannt. Er hatte die Grundlinien für die Jugendarbeit auszuarbeiten. 26 Jahre später, im Frühjahr 1971, setzte Honecker seinen Ziehvater Ulbricht ab und zwang ihn zum Rücktritt von den wichtigsten Staats- und Parteiämtern, um selbst Vorsitzender des Staatsrats der DDR und Erster Sekretär des Zentralkomitees der SED zu werden. Ein Machtkampf mit späten Folgen auch für das Haus in der Prinzenallee, dessen Fassade wie ein stummer Zeuge davon zu berichten weiß. Honecker ließ, kaum dass er die Macht in der DDR für sich entschieden hatte, die Gedenktafel in der Prinzenallee 80 auswechseln. Ulbricht war hier an der Hausfassade mit dem Satz verewigt: »In diesem Hause begannen am 9. 5. 1945 die antifaschistisch-demokratischen Kräfte unter Führung von Walter Ulbricht mit der Herstellung der Einheitsfront von KPD und SPD und dem Aufbau der neuen demokratischen Verwaltung in Deutschland.« Honecker konnte den Namen des Vorgängers nicht mehr ertragen und ließ eine deutlich kleinere Tafel mit folgender Inschrift an der Hauswand befestigen: »In diesem Hause befand sich von Juni bis Juli 1945 der Sitz des Zentralkomitees der Kommunistischen Partei Deutschlands.« Am 10. Juli 1945 wurde der Sitz der KPD in die Wallstraße 76–79 verlegt. Das Haus in der Prinzenallee 80 ist danach wieder in Bedeutungslosigkeit versunken, die Gedenktafel wurde einige Jahre nach dem Ende der DDR vom Hauseigentümer geflissentlich demontiert. Was einst als Ehre empfunden wurde, galt nun als Belastung.

Ehemaliges Büro der »Gruppe Ulbricht«
Einbecker Straße 41, 10315 Berlin-Lichtenberg
S- und U-Bhf. Lichtenberg

Die SED-Führung im Pankower Ghetto

25

Einstiges Wahllokal für die Bewohner des »Städtchens«

Jahre bevor sie das ganze Land abriegelte, hatte sich die DDR-Führung bereits selbst eingemauert. Aus Angst vor dem Volkszorn und auch um den relativ hohen Lebensstandard vor der Öffentlichkeit zu verbergen, ließ die DDR-Regierung bereits Ende 1949 einen zwei Meter hohen Bretterzaun um »ihre« Siedlung errichten. Dahinter wohnten die Spitzenfunktionäre der Sozialistische Einheitspartei Deutschlands (SED) mit ihren Familien und ihrem Dienstpersonal. Gesperrt war das gesamte Areal zwischen Grabbeallee im Westen, Tschaikowskistraße im Norden, dem Fluss Panke im Süden und der Ossietzkystraße im Osten. Ohne einen speziellen Propusk, wie der Ausweis auf Russisch hieß, kam niemand hinein in jene Siedlung, die von den Ost-Berlinern, aber auch von den SED-Funktionären »Städtchen« genannt wurde. Eine Spezialeinheit bewachte das Gelände, deren Zaun später durch eine Mauer ersetzt wurde, um die Funktionäre noch sicherer von der Außenwelt abzuschirmen. Besucher mussten vom Gastgeber angemeldet sein, am rot-weiß gestrichenen Wärterhäuschen hatten sie sich in ein Kontrollbuch einzutragen und den Personalausweis abzugeben. Von einem Soldaten oder später von Mitarbeitern des Ministeriums für Staatssicherheit wurden sie dann zum Haus des Einladenden eskortiert und von dort auch wieder hinaus geleitet.

Der Villenvorort in Pankow war während des Krieges nur wenig zerstört worden, deshalb besetzte die Rote Armee nach ihrer Einnahme der Stadt zahlreiche der Häuser. Als man für die aus dem Moskauer Exil zurückkehrenden deutschen Kommunisten Wohnraum suchte, beschlagnahmte man dort weitere Einfamilienhäuser und Villen. Am Donnerstag, dem 9. August 1945, ging ein Mitarbeiter des Rathauses zu den überraschten Bewohnern und teilte ihnen mit, dass sie bis zum Sonntagmittag ihre Häuser zu verlassen hätten. Den Schlüssel sollten sie von außen im Schloss der Haustür stecken lassen. Ihr Mobiliar durften nur jene Familien mitnehmen, die mit den Nationalsozialisten nicht kooperiert hatten. Wilhelm Pieck, Anton Ackermann, Walter Ulbricht und Franz Dahlem waren die ersten Kommunisten, die im August 1945 hier einzogen, nach und nach folgten weitere Mitglieder der KPD, die dann in der sowjetischen Besatzungszone im April 1946 mit der SPD zur SED zwangsvereinigt wurde. Auch Künstler und Schriftsteller wie Hans Fallada und Arnold Zweig, die ihre Sympathie mit einer sozialistischen Gesellschaftsordnung bekundeten, wohnten in dieser hermetisch abgeriegelten Welt mit eigener Infrastruktur. So gab es für die Bewohner des »Städtchens« einen Friseur, einen Schneider, Schuhmacherei und zwei Läden, in denen hauptsächlich Westprodukte erhältlich waren, die es in den normalen Geschäften der späteren DDR nicht zu kaufen gab.

Wilhelm Pieck, der erste Präsident der DDR, wohnte ab 1945 im Majakowskiring 29, Otto Grotewohl, erster Ministerpräsident der DDR, ab 1950 im Majakowskiring 46/48. Erich Mielke, Minister für Staatssicherheit, lebte ab 1950 in der Stillen Straße 10 und Johannes R. Becher, erster

Kulturminister der DDR, hatte sein Zuhause ab 1945 im Majakowskiring 34.
Das abgeschirmte Leben im »Städtchen« und die zunehmende Macht, die die meist aus kleinen Verhältnissen stammenden Politbüromitglieder in den Händen hielten, veränderte auch ihr Wesen. Wolfgang Leonhard, der die Stalinschen Säuberungen in Moskau überlebt hatte und von dort nach Kriegsende als Teil der »Gruppe Ulbricht« nach Berlin eingeschleust wurde, beschrieb später die allmähliche Entfremdung der SED-Regierungsmitglieder: »Sie wurden selbstbewusster, bürokratischer, härter.« Als er einen der Bewohner des »Städtchens«, das SED-Politbüro-Mitglied Ackermann, mit seiner Kritik an dessen Lebensstil konfrontierte, erwiderte dieser: »Von dir hätte ich solch eine rückständige Auffassung nicht erwartet. Es ist nichts anderes als ein Rückfall in kleinbürgerliche Gleichmacherei.«
Mit dem zunehmenden Protest der eigenen Bevölkerungen gegen die kommunistischen Diktaturen, in der DDR 1953 und in Ungarn und Polen 1956, schien den Funktionären auch bald die Enklave in Pankow nicht mehr sicher genug. Ohne einen Hinweis an die eigene Bevölkerung und unter Beibehaltung der offiziellen Wohnadresse in Pankow zogen 23 Spitzenfunktionäre samt Familien im Spätsommer 1960 in die für sie gebaute und von einer hohen Mauer umgebene Waldsiedlung Wandlitz, 40 Kilometer nördlich von Berlin. Etliche prominente Parteimitglieder blieben bis zum Ende der DDR, zum Teil auch darüber hinaus, im »Städtchen« wohnen. Lotte Ulbricht, die Witwe Walter Ulbrichts, lebte bis zu ihrem Tod im Jahr 2001 im Haus Majakowskiring 12. Viele der Häuser des ehemaligen »Städtchens« in Pankow stehen noch heute, sie sind unbewohnt oder werden anderweitig genutzt. An einigen Häusern sind Tafeln mit den Namen ihrer früheren Bewohner angebracht.

→ **Pankower »Städtchen«**
Majakowskiring, 13156 Berlin-Pankow; Tram 52, 53
Einen Rundgang durch das Viertel bietet »Führungen am Majakowskiring« an. Anmeldung unter Tel. 283 58 80

Arbeiteraufstand in der Stalinallee

26

Sowjetische Panzer in der Leipziger Straße am 17. Juni 1953

Sie sollte die Überlegenheit des Kommunismus gegenüber dem Kapitalismus demonstrieren, die Stalinallee in Berlin-Friedrichshain mit ihren »Wohnpalästen für die Arbeiter«. Aber gerade hier, auf der Baustelle des neuen, nach sowjetischem Vorbild entstehenden Boulevards, begann der Streik, der in den ersten und einzigen Arbeiteraufstands der DDR am 17. Juni 1953 mündete. Es waren die Arbeiter vom Block 40 am Weidenweg, von denen der zunächst friedliche Protest gegen die zuvor vom Ministerrat beschlossene Erhöhung der Arbeitsnormen um zehn Prozent ausging. Während in Westdeutschland die Menschen nach den entbehrungsreichen Nachkriegsjahren auch dank des Marshall-Planes

in den Genuss des beginnenden Wirtschaftswunders kamen und sich ihr Lebensstandard ständig verbesserte, erwartete die DDR-Regierung von den Arbeitern mehr Leistung für weniger Lohn. Gleichzeitig stiegen die Lebensmittelpreise. Diese Entwicklung drückte auf die Stimmung der Arbeiterschaft – ihre Erwartungen an den laut Eigenwerbung »ersten sozialistischen Staat auf deutschem Boden« hatten sich nicht erfüllt. Am 15. Juni überbrachten Arbeiter des Bauabschnitts Block 40 der DDR-Regierung ein Protestschreiben. Ihre zentrale Forderung lautete: Rücknahme der Normerhöhung und eine entsprechende Stellungnahme der Regierung bis zum Mittag des 16. Juni.
Der West-Berliner Sender RIAS Berlin, der »Rundfunk im amerikanischen Sektor«, machte die Forderung publik, sodass man überall in der DDR von den Vorgängen erfuhr. Die DDR-Führung aber äußerte sich nicht, stattdessen veröffentlichte der Vorsitzende des Freien Gewerkschaftsbundes (FDGB) am nächsten Tag in der Zeitung »Tribüne« einen Artikel, in dem er die Normerhöhung befürwortete. Empört über diese Reaktionen zogen die Arbeiter vom Block 40 daraufhin über die Baustellen der Stalinallee und forderten alle Beschäftigten auf, sich den Streikenden anzuschließen: »Kollegen, reiht euch ein, wir wollen freie Menschen sein!«, riefen sie. Auf dem Weg zum Haus des FDGB kamen immer mehr Menschen dazu, und als man das Gewerkschaftsgebäude verschlossen fand, zogen sie weiter durch die Ost-Berliner Innenstadt zum Haus der Ministerien an der Leipziger/Ecke Wilhelmstraße. Rufe wie »Wir wollen Grotewohl und Ulbricht sehen!« ertönten, doch beide zeigten sich nicht. Um vierzehn Uhr stieg Bergbauminister Fritz Selbmann auf einen Tisch und sprach zu den Demonstranten: »Die Regierung hat beschlossen, die Forderungen der Arbeiter zu erfüllen. Die Normerhöhung soll überprüft werden.« Doch der aufgebrachten Menge genügte die Ankündigung nicht mehr. Jemand zog den Minister vom Tisch und stieg selbst hinauf, um zu verkünden: »Wir wollen frei sein! Unsere Demonstration richtet sich nicht nur gegen die Normen. Wir kommen nicht nur von der Stalinallee, sondern aus ganz Berlin. Das hier ist eine Volkserhebung. Wir fordern freie und geheime Wahlen.«
Für den folgenden Tag, den 17. Juni, wurde zum Generalstreik aufgerufen, der ab sieben Uhr beginnen sollte. Am späten Nachmittag des

16. Juni überreichte eine Delegation der Streikenden dem RIAS einen Forderungskatalog, um ihn überall in der DDR bekannt zu machen: Auszahlung der Löhne nach alten Normen, Senkung der Lebenshaltungskosten, freie und geheime Wahlen und Straffreiheit für die Streikenden. Ab 19.30 Uhr wurde die Resolution in den RIAS-Nachrichten verlesen. Gegen Mitternacht traf sich die DDR-Führung mit den Vertretern der sowjetischen Behörden zu einer Krisensitzung. Es wurde beschlossen, die Sicherheitskräfte in Berlin zu verstärken. Die Führung der Volkspolizei verkündete für den kommenden Morgen: »Volle Alarmstufe«.

Ab sieben Uhr versammelten sich Hunderttausende in Berlin und zahlreichen Orten überall in der DDR zu Protestkundgebungen. Etwa 20.000 Demonstranten setzten sich vom Strausberger Platz am Beginn der Stalinallee aus in Bewegung. Auf ihrem Weg zum Haus der Ministerien riefen sie Anti-Ulbricht-Parolen: »Ab mit Bart und Brille – das ist Volkes Wille« oder »Der Spitzbart muß weg«. Als sie dort ankamen, war das Haus inzwischen von Polizeikräften abgeriegelt worden. Es kam zu Zusammenstößen. Zur gleichen Zeit hatten sich in der Innenstadt mehr als 100.000 Demonstranten versammelt. Unter dem Beifall der Umstehenden wurden die rote Fahne vom Brandenburger Tor geholt und zerrissen, Transparente und Losungen der SED zerstört.

Am Vormittag waren die ersten sowjetischen Panzer in das Stadtzentrum Ost-Berlins gerollt, alle Sektorenübergänge nach West-Berlin geschlossen worden. Gegen zehn Uhr griff erstmals Militär ein, woraufhin die Stimmung eskalierte. Es kam zu gewalttätigen Auseinandersetzungen. 600 Panzer, 20.000 sowjetische Soldaten und 15.000 Volkspolizisten waren daran beteiligt. Mit Panzern fuhren sie in die Menschenmenge hinein, die sich nicht wehren konnte, einige versuchten, die Panzer mit Steinen und Knüppeln aufzuhalten. Erst in den Abendstunden beruhigte sich die Lage in der Stadt, über die schon am Mittag der Ausnahmezustand verhängt worden war.

Der Volksaufstand des 17. Juni, an dem sich rund 1,5 Millionen Menschen in der gesamten DDR beteiligt hatten, war blutig niedergeschlagen worden. Die Angaben über die Zahl der Opfer variieren zwischen 50 und 125. Etwa 7.500 Menschen wurden vorübergehend inhaftiert,

1.200 verurteilt, 18 davon zum Tode. Unter den Soldaten der Sowjetarmee gab es, entgegen langlebiger Gerüchte, keine Toten. Die DDR-Sicherheitsorgane zählten ein Dutzend Opfer.
Die Stalinallee, inzwischen Karl-Marx-Allee, gehört heute zu den denkmalgeschützten architektonischen Hinterlassenschaften der DDR. Am Durchgang, der die Karl-Marx-Allee mit dem Weidenweg verbindet, ist ein Denkmal aus ehemaligen Trümmersteinen mit einer Gedenktafel aufgestellt. Auch am ehemaligen Haus der Ministerien, dem heutigen Sitz des Bundesministeriums der Finanzen, gibt es ein Mahnmal für die Opfer des 17. Juni. Eine Ausstellung über die Geschichte der Stalinallee ist im Café Sibylle zu sehen.

Denkmalstein für den 17. Juni 1953
Durchgang Weidenweg zur Karl-Marx-Allee
Karl-Marx-Allee 105, 10243 Berlin-Friedrichshain
U-Bhf. Weberwiese (U 5)
Café Sibylle
Karl-Marx-Allee 72, 10243 Berlin-Friedrichshain
Zwischen U-Bhf. Strausberger Platz und Weberwiese (U 5)

Mielkes Reich

27

Ruhezone für Stasi-Chef Erich Mielke

Kann man die DDR riechen? Zumindest dieses Gefühl schleicht sich ein, wenn man die im Originalzustand erhaltenen Räume der ehemaligen Zentrale des Ministeriums für Staatssicherheit der DDR (MfS) betritt. Im Haus 1 saß die Geheimpolizei und plante die Überwachung und Verhaftung angeblicher Staatsfeinde. Auch der Nachrichtendienst, zuständig für Spionageaktivitäten der DDR in anderen Ländern und für die Abwehr fremder Spionageaktivitäten im eigenen Land, war Teil des Ministeriums für Staatssicherheit. Für beide Bereiche gab es eine eigene Untersuchungsbehörde. Sie war mit exklusiven Möglichkeiten der Machtausübung ausgestattet, zu denen auch ein Gefängnis gehörte.

20.000 Mitarbeiter arbeiteten einst in dem riesigen und hermetisch abgeriegelten Gebäudekomplex, von dem heute ein Teilbereich zu besichtigen ist. Dazu gehören auch die noch original eingerichteten 13 Privat- und Diensträume von Erich Mielke, dem Minister für Staatssicherheit und Chef der Stasi-Zentrale. Von hier aus herrschte er streng nach dem Vorsatz: »Wer nicht für uns ist, ist gegen uns; wer gegen uns ist, ist ein Feind, und Feinde werden liquidiert!« In anderen ehemaligen Büroräumen werden Überwachungstechniken erläutert, die hauptsächlich gegen die eigene Bevölkerung und zur Sicherung der deutsch-deutschen Grenze zum Einsatz kamen. Anhand von zahlreichen Fotografien, Dokumenten und zusammenfassenden Erklärungen wird über die DDR informiert, von den Einzelheiten über die Verfolgung der Bürger bis zum mutigen Aufbegehren der Bürgerrechtler im Jahr 1989.
Das Ministerium für Staatssicherheit war am 8. Februar 1950 als »Schild und Schwert« der SED gegründet worden. Von Beginn an der Partei untergeordnet, fungierte es als ein verdeckt arbeitendes Organ zur Beeinflussung der öffentlichen Meinung im Sinne der SED, zur offensiven Umsetzung der Parteibeschlüsse, zur Überprüfung der Loyalität der Bürger und zur umfassenden Kontrolle der gesamten DDR. Im Oktober 1989, kurz vor Auflösung der DDR, waren dort 91.000 offizielle Mitarbeiter tätig, die in ihrer Arbeit von zirka 175.000 Inoffiziellen Mitarbeitern (IM), also für die Stasi verdeckt arbeitenden Zivilisten, unterstützt wurden. Auf jeden 100. Bürger der DDR kam damit ein Spitzel. In West-Berlin und Westdeutschland hatte das Ministerium rund 15.000 IMs im Einsatz.

Forschungs- und Gedenkstätte Normannenstraße
Normannenstraße 22, Einfahrt Ruschestraße 103, Haus 1
10365 Berlin-Lichtenberg, Tel. 553 68 54, www.stasimuseum.de
U-Bhf. Magdalenenstraße (U 5)
Geöffnet Montag bis Freitag 11–18, Samstag, Sonntag 14–18 Uhr
Eintritt: 3 €

Manfred Stolpe

Mehr als eine Träne auf Reisen

28

»Tränenpalast« am Bahnhof Friedrichstraße

Es war ein merkwürdiges Gefühl, als die S-Bahnen in diesem Sommer nicht mehr durch den Bahnhof Friedrichstraße rumpelten, sondern glitten – eine seltsame Mischung aus Wehmut und Erleichterung.

Die alten Züge sind auf das Abstellgleis gerollt, nach mehr als 60 Jahren Gequietsche, Gezische und ewigem Flickwerk. Mit ihnen ist aber auch ein vertrautes Geräusch verstummt, das Berlin über all seine Brüche hinweg wie eine kantige Erkennungsmelodie verband. Und der Bahnhof Friedrichstraße, eines der einstigen Symbole für die Teilung Berlins in Ost und West, ist mit den neuen, leise surrenden S-Bahnen noch ein

Stück mehr in der Moderne angekommen. Seine jüngste Vergangenheit lässt sich kaum mehr erahnen.
Dieser Bahnhof ist kein Ort für Zeitreisen, er hat sein Fundament im Hier und Jetzt. Das pulsierende Hauptstadtleben erfüllt ihn bis in die späten Abendstunden, Reisende eilen, Einkäufer bummeln und hungrige Gäste probieren sich durchs multikulturelle Schlemmerland: Currywurst, Döner, Mexikaner oder Thai. Es ist alles so geworden, wie sich die Deutsche Bahn einen Großstadtbahnhof für das beginnende 21. Jahrhundert wünschte – ein lebendiges, urbanes Zentrum mit Gleisanschluss.
Nichts erinnert hier nach der aufwendigen, millionenschweren Renovierung an den ehemaligen Grenzübergang, keine Tafel, kein Foto. Spurensucher mögen sich hier so verloren fühlen wie die Touristen am Brandenburger Tor. »Und wo stand hier die Mauer?«, fragen sie dort immer wieder. Die Antwort fällt Neu-Berlinern nicht immer leicht. Auch, weil oft noch eine neue Frage mitschwingt: Wie viele Erinnerungsorte sollen sein in einer neuen Zeit? Wie viele Hinweise darauf, was einmal war, wo es war?
Der Bahnhof Friedrichstraße hat fast 40 Jahre lang zwei Welten getrennt. Er war der einzige Berührungspunkt für Bahnreisende in einer eingemauerten Stadt – Durchgangsstation für den Westen und Sackgasse für den Osten. »Endpunkt Ost-Bahn« war einst auf dem oberirdischen S-Bahnsteig zu lesen, der zum künstlichen Kopfbahnhof zusammengezwängt worden war. Das klang immer ein wenig wie Endstation Sehnsucht.
Viele Trennungsschicksale, geheimnisumwitterte Agenten-Storys oder waghalsige Schmugglergeschichten verbinden sich vom Mauerbau bis zum Mauerfall mit dem Bahnhof Friedrichstraße. Es war ein unwirklicher Ort. Denn ist ein Bahnhof nicht seit Erfindung der Eisenbahn etwas Verbindendes und Befreiendes, eine Möglichkeit, neue Ziele zu erreichen? Der einstige Verkehrsknotenpunkt Friedrichstraße aber war zu einem Bollwerk und Riegel geworden, er trennte die traditionelle Verbindung von Ost nach West.
Mit ihrer eigenwilligen Mischung aus Schnoddrigkeit, Ulk und Ernst erdachten die Berliner in den sechziger Jahren einen Namen für die neue gläserne Abfertigungshalle am Bahnhof Friedrichstraße: Tränen-

palast. Mit versteinerten Gesichtern saßen dort DDR-Grenzbeamte in ihren Holzkästen und kontrollierten akribisch Ausweise und Pässe. Ankunft und Abschied waren zu einem bürokratischen Akt geworden, auf dem Bahnsteig durfte niemand warten oder winken. Doch wer kann es den neu zugezogenen Hauptstädtern verdenken, dass sie den Tränenpalast heute für eine Kulturbühne mit Kabarettprogramm halten? Er ist eine – seit 1991.

Manfred Stolpe

Nur wer den Bahnhof Friedrichstraße noch aus Mauerzeiten kennt, kann sich das einstige Labyrinth aus Sichtblenden, Spiegeln oder Kontrollschlitzen überhaupt vorstellen. Oder die skurril verschachtelten Flure mit ihren Sprelacartwänden und Klapptüren ohne Klinken. So mancher Berliner erinnert sich auch noch, wie es hier einmal gerochen hat – nach einem in die Nase stechenden Gemisch aus Desinfektionsmitteln und Putzzeug. Und dann die Reisezeiten: Siebeneinhalb Stunden nach Frankfurt am Main, mehr als zwei Stunden nach Helmstedt, auf klebenden Plastiksitzen und mit dem scheinbar endlosen Geratter unverschweißter Schienen im Ohr. Das sind die Äußerlichkeiten.

Andere Erinnerungen sitzen tiefer. Für die meisten sind es die Blicke der Ostverwandtschaft vor dem Tränenpalast, beim Abschied vom Westbesuch, für ein Jahr oder länger, Erwartungen und Versprechungen, Nicht-Gesagtes und Nichtssagendes. Das hilflose Gefühl, die gleiche Sprache zu sprechen und doch eine andere Bedeutung der Wörter zu kennen. Es sei nicht alles schlecht, sagten die einen, und die anderen erwiderten, es sei auch nicht alles gut, drüben. Es waren die Kinder, die das Absurde der Situation in ihren Fragen ausdrückten: »Wann fährt unser Zug zurück nach Deutschland?«

Nur im unterirdischen Teil des Bahnhofs Friedrichstraße ging es nicht um Trennung und Kontrolle. Hier, im Intershop, der nur West-Publikum einließ, zählten Devisen. Heiß begehrt bei den Einkäufern waren Spirituosen, und die Station Friedrichstraße bekam auch bald ihren Spitznamen: »Intershop-Bahnhof«. Die Reise dorthin war ein wenig gruselig. Die S-Bahn aus West-Berlin, die am Anhalter Bahnhof in den

Tunnel tauchte und erst am Nordbahnhof wieder an die Oberfläche kam, passierte ohne Halt Geisterbahnhöfe wie »Unter den Linden«. Manchmal sahen die Passagiere dort Männer mit Maschinengewehren auf und ab patrouillieren. Dann drückten sie ihre Beutel mit Schnapsflaschen und Zigaretten enger an sich.

Selbst die orangefarbenen Wandkacheln, die den Intershop-Bahnhof seit den siebziger Jahren zierten, gibt es heute nicht mehr. Weißgrau ist die Farbe der Postmoderne, und nur noch ein Schild in verspielter Frakturschrift ist in die glatte Kachelwand eingemauert. »Erbaut 1936, renoviert 2002«, ist darauf zu lesen – als sei zwischendurch nicht viel passiert. An den Postkartenhaltern der Souvenirstände springt die Geschichte noch weiter zurück. Der Bahnhof Friedrichstraße als Kathedrale des Reisens ist dort zu sehen, eine mächtige Eisenhallen-Konstruktion aus den 1880er Jahren. Die älteren Fotografien zeigen schwere Dampfloks, auf den jüngeren sind die altehrwürdigen S-Bahnen zu sehen. An der Friedrichstraße war immer etwas los. In den wilden zwanziger Jahren hielten hier 700 Züge täglich.

Die großen Zeiten als Berliner Fernbahnhof liegen unwiederbringlich hinter der Friedrichstraße. Am Humboldthafen wächst der neue Hauptbahnhof heran, an dem sich Nord-Süd- und West-Ost-Achse im Berliner Schienenfernverkehr das erste Mal an zentraler Stelle kreuzen werden. Doch als Regionalbahnhof ist der Bahnhof Friedrichstraße im Herzen Berlins längst wieder zum Verkehrsknotenpunkt geworden – und zum Treffpunkt. Die roten Doppelstockwagen der Regionalbahnen quietschen beim Bremsen, die S-Bahnen rollen im Minutentakt heran, die U-Bahnen rauschen vorbei. Wer kann sich noch vorstellen, dass es jemals anders war?

→ **»Tränenpalast«**
S- und U-Bhf. Friedrichstraße, Berlin-Mitte

Günter Schabowski

Der 9. November1989 und sein Schlusspunkt

Internationale Pressekonferenz am 9. November 1989 in Ost-Berlin

Die Brüstung am Pult, hinter der meine Notizzettel und das »Papier« verborgen waren, mag etwa sieben Zentimeter hoch gewesen sein. Diese Abschirmung gegen das Auditorium hat die Fama wohl mit provoziert, irgendwer habe dem Menschen da oben den Zettel mit jener Mitteilung zugesteckt, die zunächst die 400 Journalisten vor ihm im Saal und wenig später die Welt verblüffen sollte. Ein bisschen mag es auch an den Umständen gelegen haben: Neu und ungewohnt war es für beide Seiten, dass ein SED-Oberer vor »West-Korrespondenten« aus dem bis dato geheimen Nähkästchen des ZK plauderte und sich dazu befragen ließ. Es war einer jener, letztlich fruchtlosen, Versuche der leicht

gewandelten SED-Spitze, Tuchfühlung zu dem sich bahnbrechenden Veränderungswillen der Menschen zu halten.
Das Haus Nr. 38 in der Mohrenstraße in der Stadtmitte war der Ort der Pressekonferenz, damals das Amt für Information, Anlaufstelle für akkreditierte »West-Journalisten«. Am 9. November 1989, etwa 10 Minuten vor 19 Uhr, hatte sich von hier aus die Kunde vom Fall der Mauer über den Globus verbreitet. Heute gehört der Raum zum Sitz des Bundesjustizministeriums. Er wurde nicht konserviert. Aber im Erdgeschoss können Passanten seit dem 9. November 2000 von der Straße aus durch ein großes Glasfenster eine künstlerische Installation betrachten, die an die eher beiläufige Verlautbarung einer Weltnachricht erinnert.
Justizministerin Herta Däubler-Gmelin lud meine Frau und mich elf Jahre danach, am 8. November 2000, an den »Tatort« ein. Ich sah dort auf ein zum Rechteck gruppiertes Multiplikat von fünf mal sechs Stühlen. So hat der Künstler das Journalistenkorps von damals reduziert und symbolisiert. Das Arrangement erhebt sich auf einem geneigten Plateau, Metapher für die in Bewegung geratene politische Tektonik Europas. Der über den Protest und Druck der Menschen in der DDR ausgelöste Impuls zum Mauerfall hatte sie enorm beschleunigt. Hatte ich damals den Boden unter mir schwanken gefühlt? Der Blick richtet sich von den Stühlen auf die Wand, an der ein Plasmaschirm flimmert. Er zeigt im diffusen Licht aus Dunst und Sonne ein unablässiges Wellenspiel. Die Sicht auf die Zukunft ist endlich offen – für die Chancen der Freiheit, für Hoffnungen, Handeln und Illusionen.
Vor den 60 Minuten der Pressekonferenz liegt eine andere Illusion: das Gewusel der sich noch mächtig Dünkenden, die hastig an Wellenbrechern zimmern, um den Massenprotest abzulenken und in ruhiges Fahrwasser zu leiten. Einige hundert Meter Luftlinie entfernt von der Pressekonferenz tagte an jenem 9. November das Zentralkomitee der SED. Die Atmosphäre im Sitzungssaal war merkwürdig geschwängert, ein Gemenge aus Panik, Wut, Verwirrung, Resignation und verlorener Hoffnung. Krenz schob mir zwei Schreibmaschinenseiten zu, die ihm der Innenminister zur Bestätigung vorgelegt hatte. Es war der vom Politbüro georderte Entwurf einer Regierungsverordnung zum freien Reiseverkehr. Während die Beratungen des ZK weitergingen, kamen wir

Günter Schabowski

flüsternd überein, dass ich das Papier in die Pressekonferenz mitnehme. Da der öffentliche Druck auf uns zunahm, war Eile geboten. Nach der Veröffentlichung eines unzulänglichen Reisegesetzes ein paar Tage zuvor, das im Dezember in Kraft treten sollte, hatte sich das Protestbeben gegen uns noch verstärkt. Von unserer Entscheidung wusste die Regierung nichts.

Als ich den Journalisten 100 Minuten später von der jüngsten Verordnung Mitteilung machte, war die Regierung erst damit befasst, die Informationsstränge zu den DDR-Grenzposten zu aktivieren. Was über die medialen Relais flugs über alle Breiten- und Längengrade bis zu den australischen Antipoden gelangt war, hatte, nur wenige Kilometer entfernt, die Grenzer an den Passiertrichtern in Berlin noch längst nicht erreicht. Im Ballungsgebiet Berlin hatte sich die Nachricht unter den Bewohnern indes wie ein Lauffeuer verbreitet. So kam es zu einer bedrohlichen Phase, als sich die Berliner anfangs zu Hunderten, später zu Tausenden an den Übergangsstellen sammelten, während die uninformierten Posten zunächst nicht wussten, wie sie sich der Menschenmenge gegenüber verhalten sollten. Das eigentliche Wunder des 9. November ist, dass die prekäre Situation nicht blutig eskalierte. Wie leicht hätten Panik oder Frust einen strammen Offizier mit Parteibuch dazu bringen können, seine Pistole auf die Menge zu richten…

Von den Staus an der Grenze erfuhr ich durch einen Mitarbeiter der Bezirksleitung der SED. Er rief mich gegen 21 Uhr in Wandlitz an, einigermaßen verstört darüber, dass die Posten an der Bornholmer Straße die Grenze noch immer nicht geöffnet hätten, »obwohl du doch offiziell verkündet hast …« Noch eine Panne, war mein erster Gedanke. Wir waren ja in diesen Tagen damit reichlich gesegnet. Außerdem ahnte ich nicht, dass ich der Regierung mit meiner Verkündung um Stunden zuvorgekommen war. Ich fuhr wieder nach Berlin, um an Ort und Stelle die »unerklärliche« und bedrohliche Verstopfung aufzulösen. In die Bornholmer war kein Reinkommen mehr. Sie war übervoll mit Trabis und Wartburgs, Kühler in Richtung Grenzübergang. Ich fuhr weiter zum Übergang Heinrich-Heine-Straße. Als ich ausstieg, kam ein Zivilist auf mich zu und skandierte im Melde-Ton: »Genosse Schabowski, Sie lassen sie jetzt durch. Keine besonderen Vorkommnisse.« Es sollten noch ein paar Tage vergehen, bis sich mir die absurde Komik dieser Szene eröffnete: Ein Stasi-Mann teilte mir mit, die Grenze sei offen, und das sei kein besonderes Vorkommnis. Er setzte den Schlusspunkt hinter meinen Text auf der Pressekonferenz.

→ **Ehemaliges Haus der Internationalen Pressekonferenz der DDR**
Mohrenstraße 38, 10117 Berlin-Mitte
U-Bhf. Hausvogteiplatz

Das geteilte Berlin – der ummauerte Westen

Am Nachmittag des 2. Mai 1945 war für die Berliner der Zweite Weltkrieg beendet. Sechs Tage vor der bedingungslosen Kapitulation des Deutschen Reiches hatte die Rote Armee die Stadt besetzt. 75 Prozent der Innenstadt und ein Fünftel aller Gebäude waren bis auf die Grundmauern zerstört, es gab weder Strom noch Gas und nur in den Randbezirken fließendes Wasser. Hatten vor dem Krieg noch 4,3 Millionen Menschen in Berlin gelebt, waren es im Mai 1945 nur noch 2,8 Millionen. Anfang Juli rückten auch britische und amerikanische Armeeverbände in die Stadt ein, im August folgten die Franzosen. So wie es die Kriegsalliierten bereits am 12. September 1944 in ihrem Londoner Protokoll und im Februar 1945 in Jalta vereinbart hatten, teilten sie Deutschland in vier Zonen, die je unter der Verwaltung einer Siegermacht standen. Die ehemalige Reichshauptstadt, die im nun sowjetisch verwalteten Gebiet lag, wurde in vier Sektoren aufgeteilt. Die Siegermächte gründeten für das besetzte Land einen Alliierten Kontrollrat, der »alle Deutschland als Ganzes betreffende Angelegenheiten« zu entscheiden hatte. Ihm unterstand die Alliierte Kommandantur, deren Aufgabe »eine gemeinsame Verwaltung des Großberliner Gebietes« war. Doch die Kriegskoalition implodierte, die Verbündeten von gestern konnten sich auf keine gemeinsame Zukunft verständigen. Stalins massive Hilfe für die KPD, die Besetzung wichtiger Schlüsselpositionen in der Stadtverwaltung mit Kommunisten, das energische Drängen auf eine Vereinigung von KPD und SPD, die sich dann im April 1946 im Ostsektor der Stadt zur Sozialistischen Einheitspartei Deutschlands (SED) zusammenschlossen, hatten den Argwohn der Westmächte geweckt. Auf eine gemeinsame Politik gegenüber dem Kriegsverlierer konnte man sich das ganze Jahr 1947 hindurch nicht verständigen, woraufhin die Westalliierten im Februar 1948 eine Währungsreform nur für die von ihnen verwalteten Gebiete in Westdeutschland, jedoch nicht für die Westsektoren in Berlin beschlossen. Die Sowjets verließen daraufhin am 20. März 1948 den Alliierten Kontrollrat, am 1. Juli stellten sie ihre Mitarbeit in dem Gremium endgültig ein. Die Währungsreform im Juni 1948 brachte den

Abbildung S. 111: John F. Kennedy am 26. Juni 1963 vor dem Brandenburger Tor, das auf der DDR-Seite zugehängt worden war – um Kennedy die Sicht zu versperren

Menschen in den Westzonen die Deutsche Mark, woraufhin die Bürger in der Ostzone und im Ostsektor Berlins zwei Tage später ihre eigene Währung erhielten. Dies wiederum nahmen die Westalliierten zum Anlass, die D-Mark auch in den drei westlichen Sektoren Berlins einzuführen. Aus Protest gegen die Politik der Westalliierten verhängten die Sowjets vom Juni 1948 bis zum Mai 1949 eine Blockade West-Berlins. Sie unterbrachen die Stromversorgung der westlichen Sektoren und sperrten die Zufahrtsstraßen und die Wasserwege. Berlin war in diesem Zeitraum nur noch über drei Luftkorridore zu erreichen. Mit insgesamt 213.000 Flügen versorgten die Alliierten die West-Berliner mit 1,7 Millionen Tonnen Versorgungsgütern. Auf dem Höhepunkt der so genannten Berliner Luftbrücke landeten die Maschinen in einem Abstand von ein bis zwei Minuten; in Einzelteile zerlegt, gelangte sogar ein komplettes Kraftwerk, das heutige Kraftwerk Reuter, in die Stadt. Die Besatzer waren zu Beschützern geworden. Nach der Berlin-Blockade fanden die Supermächte für Jahrzehnte nicht mehr zueinander, der Kalte Krieg hatte begonnen, teilte von nun an die Stadt und die Welt in zwei feindliche Lager. Am 23. Mai 1949 wurde aus den drei westlichen Besatzungszonen die Bundesrepublik Deutschland gegründet, die drei Westsektoren Berlins bildeten ein Land der Bundesrepublik. Die Siegermächte bestanden allerdings darauf, dass die Stadt nicht »durch den Bund regiert« wird, die Westmächte blieben in den Westsektoren die Herren der Stadt. Der Wiederaufbau ging mit Hilfe des Marshallplans nun zügig voran, die Wirtschaft kam in Schwung; bereits 1957 war die Zahl der Arbeitslosen von 300.000 im Jahr 1950 auf nur 90.000 gesunken. Im Rahmen des sozialen Wohnungsbaus entstanden 230.000 neue Wohnungen allein bis 1963. Die unterschiedliche Entwicklung West- und Ost-Berlins wurde erstmals sichtbar.

Immer wieder kam es auch zu politischen Spannungen in der geteilten Stadt. Am 17. Juni 1953, als in Ost-Berlin die Arbeiter gegen die Lohnpolitik des SED-Staates demonstrierten, schlugen sowjetische Panzer den Aufstand nieder. Auch am 13. August 1961, als die DDR eine Mauer quer durch Berlin zog, breitete sich Kriegsstimmung in der Stadt aus. An der Friedrichstraße standen sich amerikanische und sowjetische Panzer gegenüber, doch schlug dank der Besonnenheit der Verantwortlichen der Kalte Krieg damals in keinen »heißen« um. Die DDR schloss mit der Mauer das »Fluchtloch« West-Berlin, denn mehr als die Hälfte der drei Millionen DDR-Bürger, die seit 1949 die DDR verlassen hatten, waren über Grenze in Berlin geflohen. Bis 1989 starben an der Berliner Mauer über 200 Menschen, erschossen von DDR-Grenzsoldaten, als sie die Mauer überwinden wollten.

West-Berlin entwickelte im Schatten der Mauer und weit weg von Westdeutschland ein politisches und kulturelles Eigenleben. Die Studentenunruhen, die im Jahr 1966 an der Freien Universität begannen, erlebten am 2. Juni 1967 ihren vorläufigen Höhepunkt. Am Rande einer Anti-Schah-Demonstration war der Student Benno Ohnesorg erschossen worden. Die bisher in weiten Teilen unbeschwerte Studentenbewegung, die unter anderem mit der Kommune 1 alternative Lebensformen probierte und zur Schau stellte, erlebte nun eine Radikalisierung. Es kam zu Straßenschlachten und zu einer so bis dahin nicht gekannten Hetze der Springer-Zeitungen gegen die Studenten und ihre Anführer. Am 11. April 1968 wurde Rudi Dutschke, der an der Spitze der Außerparlamentarischen Opposition (Apo) stand, auf dem Kurfürstendamm durch gezielte Schüsse schwer verletzt. Die Anti-Springer-Demonstration in jener Nacht zählte zu den schwersten Auseinandersetzungen, die West-Berlin je erlebt hatte. Längst hatten sich aus den Reihen der Studenten militante Gruppen gebildet, der organisierte Terrorismus sollte in den kommenden Jahren die Republik erschüttern. Morde, wie die an Generalbundesanwalt Siegfried Buback, den Arbeitgeberpräsidenten Hanns Martin Schleyer und später den Vorstandsvorsitzenden der Deutschen Bank, Alfred Herrhausen, stellten die Bundesrepublik vor eine bis dahin nicht gekannte Belastungsprobe. In Berlin wurde am 27. Februar 1975 der damalige CDU-Spitzenkandidat Peter Lorenz von Terroristen der Gruppe »2. Juni« entführt, um so die Freilassung mehrerer Gesinnungsfreunde zu erpressen.

In den innerdeutschen Beziehungen standen die Zeichen seit Beginn der siebziger Jahre auf Entspannung. Angeregt von US-Präsident Richard Nixon, fanden im Gebäude des Alliierten Kontrollrats Verhandlungen zum Viermächteabkommen statt, das am 3. September 1971 unterschrieben wurde. Es sah unter anderem die Anerkennung der DDR seitens der BRD, aber auch die Zugehörigkeit West-Berlins zur Bundesrepublik seitens der DDR vor. Es war Grundlage einer innerdeutschen Entspannungspolitik in den folgenden Jahren. Am 17. Dezember 1971 unterzeichneten die Bundesregierung und die Regierung der DDR ein Transitabkommen, am 20. Dezember desselben Jahres trafen der Senat von Berlin und die DDR-Regierung eine weitreichende Einigung über die Reise- und Besuchsregelung für die Mauerstadt. Allein die Zahl der Reisenden, die mit dem Auto von und nach West-Berlin fuhren, hat sich von sieben Millionen in der Zeit zwischen 1971 und 1981 mehr als verdoppelt und ist bis 1985 auf über 20 Millionen gestiegen. Zwischen eineinhalb und drei Millionen Mal besuchten West-Berliner von 1972 bis 1986 Ost-Berlin oder die DDR. Der West-Berliner Senat war verstärkt bemüht, die Stadt zum Wirtschafts- und Kongressstandort auszubauen und nach den bewegten fünfziger und sechziger Jahren eine neue Normalität in Berlin zu etablieren. Subventionen und Steuererleichterungen in Milliardenhöhe durch die Bonner Regierung machten West-Berlin zur »Glitzerstadt«. Der Zuzug von mehr als 200.000 Gastarbeitern, die meisten aus der Türkei – Berlin wurde so auch zu einer türkischen Großstadt – und die Faszination, die Berlin auf die linke alternative Jugendszene ausübte, gaben der »Frontstadt« das Flair einer internationalen Metropole. Im April 1979 eröffnete das Internationale Kongresszentrum ICC am Berliner Funkturm seine Türen.

Berlin wurde ein Ort des innerdeutschen Dialogs. Im September 1983 traf sich der damalige Regierende Bürgermeister Richard von Weizsäcker das erste Mal mit dem DDR-Staatsratsvorsitzenden Erich Honecker. Als sich – für alle überraschend – am 9. November 1989 die Grenzübergänge für die Berliner öffneten, sprach der damalige Bürgermeister Walter Momper den Satz, der dann um die ganze Welt ging: »Berlin, nun freue dich.«

30

Notaufnahmelager Marienfelde

Im Lager Marienfelde, 1956

Es war dieser Satz, den die Angestellten im Zentralen Aufnahmelager Marienfelde laut eigener Aussage am häufigsten hörten: »Ich komme aus der DDR und will in den Westen.« Mit dem Eintreffen in der Marienfelder Allee 66–80 hofften die Flüchtlinge auf ein Leben in Freiheit und Wohlstand, in West-Berlin oder irgendwo im Bundesgebiet. »Wir erbauen diese Siedlung als ersten Sammelpunkt und Durchgangslager für die aus der Zone der Unfreiheit in immer wachsender Zahl hereinströmenden Flüchtlinge«, heißt es in der Grundsteinurkunde vom 30. Juni 1952. Der Traum vom Sozialismus war für die Ankömmlinge aus der DDR längst zum Albtraum geworden. Sie hatten, um in den

Westteil der Stadt zu gelangen, vieles auf sich nehmen müssen. Zwar waren die Straßen zwischen Ost- und West-Berlin bis zum Mauerbau am 13. August 1961 frei passierbar, auch fuhren die S- und U- Bahnen zwischen Ost- und Westsektoren, wer jedoch durch einen Koffer oder durch Gepäck auffiel, der wurde von der DDR-Volkspolizei und ihren Helfern visitiert und festgehalten. Deshalb kamen die meisten Flüchtlinge im Lager nur mit kleinem Handgepäck an; alles andere hatten sie zurückgelassen.

Das am 14. April 1953 errichtete und bereits 1954 erweiterte, rund 46 Quadratkilometer große Lager war von den Westalliierten zum Sperrbezirk erklärt worden. So sollte verhindert werden, dass Spitzel des DDR-Ministerium für Staatssicherheit oder der Volkspolizei sich in das Lager einschleusten; manche der Flüchtlinge hatten sie bis an die Pforten des Lagers verfolgt. Niemand gelangte ohne Personenkontrolle hinein oder hinaus, fotografieren war grundsätzlich verboten. Das Aufnahmeverfahren, nach dessen Abschluss die Flüchtlinge den Personalausweis der Bundesrepublik Deutschland erhielten, dauerte zehn bis vierzehn Tage. Alle für die Neuankömmlinge notwendigen Behörden bis hin zum Arbeitsamt waren auf dem Gelände untergebracht. In der Zeit vor dem Mauerbau, als der Flüchtlingsstrom ungeahnte Ausmaße annahm, reichten die 2.300 Betten nicht aus. Zelte mussten aufgeschlagen werde, um den Andrang zu bewältigen. An manchen Tagen meldeten sich bis zu 2.600 Menschen.

Der Mauerbau am 13. August 1961 bedeutete für das Durchgangslager eine Zäsur. Bis dahin waren 1.159.203 Menschen, so die Lagerdatei, betreut und in den Westen vermittelt worden; über die Hälfte aller Neuankömmlinge hatte das 25. Lebensjahr noch nicht vollendet. Es kamen nur noch zwischen 2.000 und 7.000 Personen pro Jahr, die ihr Land zumeist mit Genehmigung der DDR Behörden verlassen durften. Da die Kapazitäten des Lagers weit größer waren, wurden nun auch die Aussiedler aus den ehemaligen deutschen Siedlungsgebieten in Osteuropa von hier aus mitbetreut. Eine Hochkonjunktur erlebte die Einrichtung auch in der Zeit unmittelbar vor dem Mauerfall. Als nach Öffnung der österreichisch-ungarischen Grenze am 10. September 1989 sich erneut Tausende von DDR-Bürgern, meist mit ihrer gesamten Familie, auf den

Weg Richtung Westen machten, stieß Marienfelde erneut an seine Kapazitätsgrenze. Es mussten zusätzlich Turnhallen, Wohncontainer und Heime in der Nachbarschaft angemietet werden.
Während des Kalten Krieges hatte das Lager für die deutsche und die internationale Politik eine Funktion ähnlich der eines Stimmungsbarometers. Innenpolitische Krisen jeglicher Art in der DDR ließen immer auch die Zahl der Flüchtlinge ansteigen. Von Bedeutung waren ebenfalls die Informationen, die die Flüchtlinge bei ihrer Ankunft lieferten. Sie wurden von den westlichen Geheimdiensten ausgewertet.
Insgesamt hatten rund 1,4 Millionen DDR-Bürger und 45.000 Aussiedler das Aufnahmeverfahren in Marienfelde durchlaufen. Mit Inkrafttreten der Währungsunion zum 1. Juli 1990 wurde es eingestellt. Heute befindet sich in Marienfelde die zentrale Aufnahmestelle des Landes Berlin für Aussiedler. Es erledigt die Aufnahmeformalitäten und stellt den Menschen, die zu 98 Prozent aus Russland und den Nachfolgestaaten der ehemaligen Sowjetunion kommen, Übergangswohnungen zur Verfügung. Seit 1993 ist auf dem ehemaligen Gelände des Notaufnahmelagers auch die Erinnerungsstätte Notaufnahmelager Marienfelde e. V. untergebracht, die mit einer ständigen Ausstellung über die deutsch-deutsche Flüchtlingsbewegung informiert und anhand einer im Originalzustand erhaltenen Flüchtlingswohnung dafür sorgt, dass die damaligen Lebensumstände nicht in Vergessenheit geraten.

➔ **Erinnerungsstätte Notaufnahmelager Marienfelde e.V.**
Auf dem Gelände der Zentralen Aufnahmestelle des Landes Berlin für Aussiedler, Haus Am Parkplatz 3, Marienfelder Allee 66–80, 12277 Berlin, Tel. 90 17 33 25, www.enm-berlin.de
S-Bhf. Marienfelde (S 2); Bus 177, 277
Geöffnet Mittwoch bis Sonntag 12–17 Uhr; Eintritt: frei
Führungen jeweils Mittwoch und Sonntag 15 Uhr
Eintritt: 2,50 €, ermäßigt 1,50 €

Hans Halter

Der Fluchttunnel

31

Kreuzung Oderberger, Eberswalder, Schwedter und Bernauer Straße

Oderberger Straße wie hast Du Dich verändert! Du bist renoviert, so auf dezent. Parterre siedeln nun die neuen Kneipen, oben wohnen Studenten und junge Akademiker. Dabei warst Du doch damals proletarisches Quartier. Fünfstöckige Vorderhäuser, vierstöckige Hinterhäuser und zwischen beiden die himmelwärts strebende Kastanie. Überall noch Einschüsse von den Straßenkämpfen im April/Mai 1945. Mancher Balkon von Rost und Schwerkraft besiegt, wie so vieles in Prenzlauer Berg – aber die Royal Air Force und ihre Phosphorbomben hatten Dich verfehlt. Auch Deine große Schwester, die Bernauer Straße, war im Weltkrieg gut davon gekommen. Alle Mietshäuser, dicht an dicht, haben damals überlebt. Deshalb waren es für beide Straßen muntere Jahre nach dem Ende des »Dritten Reiches«. Die Oderberger Straße lag im sowjetischen Sektor, die Bernauer Straße war sowohl sowjetischer als auch französischer Sektor, ein Kuriosum. Das führte zu unterhaltsamen Aktivitäten, natürlich verbotenen, wie Schwarz- und Nachrichtenhandel. Weil beide Bürgersteige der Bernauer Straße französisches Hoheitsgebiet waren, konnte man mit einem Schritt aus der Haustür vom Osten in den Westen wechseln. Deshalb wurden am Sonntag, dem 13. August 1961, dem Tag des Mauerbaus, die Parterrewohnungen der östlichen Häuserreihe von Volkspolizisten besetzt, die Haustüren erst abgeschlossen und in den Tagen danach zugemauert. Das half nicht. Die Leute sprangen aus dem ersten Stock. West-Berliner Feuerwehr hielt Sprungtücher auf, die West-Berliner Polizei zog die Pistolen, Russen und Franzosen ließen sich nicht blicken. Dann mauerten die Volkspolizisten von unten nach oben alle Fenster der Bernauer Straße zu. Aus dem vierten Stock sprangen nur noch wenige und nicht alle trafen das Sprungtuch. Auf einem Feldstein, Bernauer/Ecke Swinemünder Straße, wird dieser Maueropfer gedacht. Später hat die DDR die zugemauerten Häuser nach und nach abgetragen und hier den Todesstreifen planiert. Heute ist dort Ödland. Der Senat hat ein paar schnellwachsende Bäume gepflanzt.

Die Nachbarn der Oderberger Straße konnten nirgendwohin springen. Sie waren und blieben eingemauerte Ost-Berliner bis 1989. Am Ende der Straße, dort, wo sie in die Bernauer einmündet, war die Grenze. Gut gesichert, Mauer, Stacheldraht, Vopos, Grenztruppen – und der Gullydeckel direkt vor der Mauer, mitten auf der großen Kreuzung Oderberger, Eberswalder, Schwedter und Bernauer Straße, war offen. Vom November 1961 bis zum November 1989. Das hatte seine Gründe. Der Gullydeckel, Industriebarock Baujahr 1890, verdeckte einen »Einstiegsschacht«, Durchmesser 60 Zentimeter, in die Berliner Unterwelt. Unter dem Gullydeckel treffen sich die drei Abwasserrohre aus der Oderberger Straße (Höhe 130 cm), der Eberswalder Straße (Höhe 120 cm) mit ihrer großen Schwester aus dem Westen. Unter der Bernauer Straße lief einst und läuft jetzt ein Abwasserrohr vom Kaliber 170 Zentimeter, ab Wolliner Straße 180 Zentimeter. Das ist eine ordentliche Höhe, kleinere Menschen können dort erhobenen Hauptes laufen, größere müssen den

Kopf einziehen. Das empfiehlt sich jedoch ohnehin, denn überall in einem Schmutzwasserkanal (Berlin hat davon 3300 Kilometer in seinem sandigen Boden vergraben) pappen menschliche Fäkalien an der Wand, auch an der Decke.

Hans Halter

Mit solchen ästhetischen Petitessen – in einem Schmutzwasserkanal läuft man in verdünnten Fäkalien, alle paar Meter kommt von rechts oder links in Brusthöhe der Nachschub, es stinkt, es stinkt bestialisch und stockfinster ist es auch – haben wir uns 1961, nach dem Mauerbau, jedoch nicht abgegeben. Wir waren ja froh, so eine passable Ost-West-Verbindung ausgeforscht zu haben. Oben die Vopos, unten die Flüchtlinge. Damals, im September 1961, war der Gullydeckel an der Grenze noch zu, deshalb drangen keine Geräusche von unten nach oben. Unbehelligt flossen die Fäkalien und das Schmutzwasser im Mischsystem von Ost nach West. Was man brauchte, das war ein östlicher Einstieg, weitab von der Mauer, und ein sicherer Ausstieg im Westen, uneinsehbar für Grenzwächter auf der östlichen Seite. Prinzipiell ist das kein Problem, mit zwei stabilen Eisenhaken kann man die Gullydeckel lüpfen. Unsere Eisenhaken wurden von der Schmiede der Hochschule der Künste zurecht geklopft, Qualitätsarbeit. Den richtigen Gullydeckel im Osten musste ein Ausländer hochheben, denn Ausländer konnten bis zum Spätherbst 1961 mit Autos und Rollern (unser Italiener fuhr standesgemäß Vespa) auch nachts im Ostsektor herumkariolen. Das größere Problem war: Der Fluchthelfer musste den Gullydeckel nach dem Abstieg der Flüchtlinge auch wieder schließen, denn sonst wäre die Staatsgewalt spätestens am nächsten Morgen sehr wachsam geworden. Alles ging gut. An den Gestank gewöhnt man sich.

Der Einstiegsdeckel in der Oderberger Straße liegt zwischen den Häusern Nr. 15 und 49. Man kann sich heute auch an den neuen Kneipen orientieren, also lokalisiert man den Deckel auf einer gedachten Linie zwischen den Restaurant »Naan« (indische Spezialitäten) und der alternativen Kneipe »Entweder-Oder« schräg gegenüber. Obacht! Es gibt dort zwei Gullydeckel. Wählen Sie den nördlichen, dicht am »Entweder-

Oder«. Der am »Naan« gehört zu einem eher kümmerlichen Mischkanal, lichte Weite nur 39 Zentimeter. Der führt zwar auch in den Westen, doch wem hilft das weiter? Ach ja, an die Oberwelt will man ja auch wieder. Ich empfehle den Gully und Aussteigschacht am Vinetaplatz in Wedding. Dort ist neben dem Gullydeckel eine Kirche – für das Dankgebet.

Fluchtort 1961
Kreuzung Oderberger, Eberswalder, Schwedter und Bernauer Straße, 10435 Berlin-Prenzlauer Berg
U-Bhf. Eberswalder Straße (U 2); Bus 120

»Ich bin ein Berliner«

32

John F. Kennedy am 26. Juni 1963 vor dem Schöneberger Rathaus

Der berühmteste Berlin-Besucher aller Zeiten hat in der Stadt zwar kaum sichtbare Spuren hinterlassen, aber in den Köpfen der Berliner bleibt die Erinnerung wohl für immer unauslöschbar. Der 35. Präsident der Vereinigten Staaten, John F. Kennedy, traf am 26. Juni 1963, um 9.40 Uhr im Rahmen seiner Deutschlandreise auf dem Flughafen Tegel ein. Als er die Stadt acht Stunden später zu den Klängen »Das ist die Berliner Luft« mit der Air Force One wieder verließ, hatte er Geschichte geschrieben. Sein auf Deutsch gesprochener Satz »Ich bin ein Berliner«, den er vom Balkon des Schöneberger Rathauses der rund 450.000-köpfigen Menge zurief, prägte sich tief in das Bewusstsein der Berliner ein.

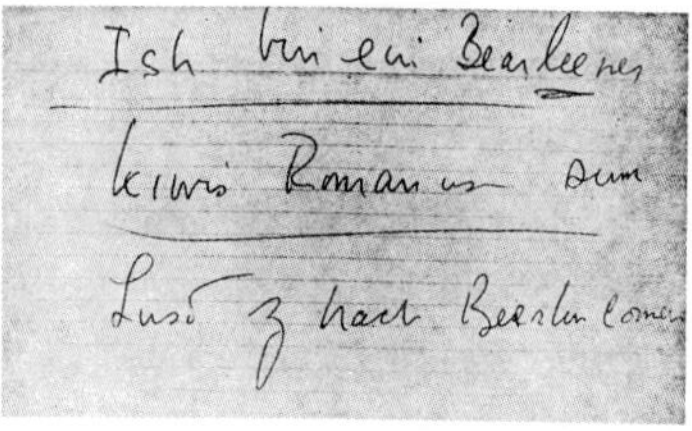

Manuskript für John F. Kennedy

Fünfzehn Jahre nach dem Beginn der Luftbrücke war es ein menschlich-politisches Symbol dafür, das aus Kriegsgegnern Partner geworden waren. Der Satz, den er gleich zweimal auf Deutsch sagte, und den der Dolmetscher in der ansonsten auf Englisch gehaltenen Rede jeweils wiederholte, gab den Berlinern das Gefühl, von der westlichen Welt nicht im Stich gelassen zu werden. Mit seinem Besuch machte Kennedy den Sowjets deutlich, dass West-Berlin für die Amerikaner eine strategische Bedeutung besitzt und die Westalliierten es nicht aufgeben würden. Nur fünf Monate später, am 22. November 1963, wurde Kennedy in Dallas erschossen. Er hinterließ keinerlei biographische Aufzeichnungen über den Berlin-Besuch, und so ist die Entstehungsgeschichte dieses Satzes bis heute ungeklärt. Andreas W. Daum, Professor für Moderne Geschichte an der University of Buffalo in New York, hält es für am wahrscheinlichsten, dass Kennedy selbst den Satz »I am a Berliner« in Anlehnung an das Lateinische »civis Romanus sum«, auf Deutsch »Ich bin ein Bürger dieser Stadt (Roms)«, entworfen hatte und ihn dann ins Deutsche übersetzen ließ. Im Arbeitszimmer von Willy Brandt im Schöneberger Rathaus übte er dann die deutsche Aussprache.

Die von US-Sicherheitsberatern und Berliner Polizei festgelegte Fahrtstrecke war 52 Kilometer lang und führte an der Kongresshalle im Tiergarten vorbei zum Brandenburger Tor, wo ein Holzpodest errichtet worden war. Die Sicht durch das Tor verhinderten allerdings Stoffbahnen und eine riesige DDR-Fahne, mit denen die DDR-Grenztruppen das symbolträchtige Wahrzeichen verhängt hatten. Von dort fuhr der Konvoi zum Checkpoint Charlie und dann zum Rathaus Schöneberg. Am Nachmittag besuchte Kennedy die Freie Universität Berlin und das Amerikanische Hauptquartier in der Clayallee. 1,4 Millionen Berliner säumten die Strecke und jubelten Kennedy zu. Der brisanteste Teil der Visite war der Blick über die Berliner Mauer, die erst 22 Monate zuvor durch die Millionenstadt gezogen worden war. Von dem Holzgerüst in der Friedrich-/Ecke Zimmerstraße schaute Kennedy über die Grenzanlagen in das von den Sowjets abgeriegelte Ost-Berlin. Ein sichtlich ergriffener US-Präsident tat dabei, was Spitzenpolitiker nur selten tun: Er schwieg. Die Sowjets fassten diesen Teil des Besuches als Provokation auf, die im Zeitalter des Kalten Krieges nicht unbeantwortet bleiben konnte. Zwei Tage später, am 28. Juni 1963, landete der sowjetische Parteichef Nikita Chruschtschows in Berlin Schönefeld, um spiegelbildlich zum Kennedy-Besuch die Ovationen der Ost-Berliner Bevölkerung entgegenzunehmen. Im offenen Wagen, begleitet von Staats- und Parteichef Walter Ulbricht, ließ er sich durch den Ostteil der Stadt chauffieren; den Blickkontakt mit Mauer und Stacheldraht mieden sie jedoch. Während die West-Berliner »Ken-ne-dy!« gerufen hatten, skandierten die Ost-Berliner nun »Ni-ki-ta!«. Chruschtschows Rede, die er am Nachmittag vom Mittelbalkon des Roten Rathauses hielt, laut Ostpresse vor 500.000 jubelnden Personen, laut Westpresse vor lediglich einigen Tausend Menschen, war aufgeladen mit den damals üblichen pathetischen Formulierungen: »Die Schöpfer des russischen Wunders begrüßen von ganzem Herzen brüderlich die Schöpfer des wahren sozialistischen deutschen Wunders.«

Stationen John F. Kennedys in West-Berlin

Schöneberger Rathaus
John-F.-Kennedy-Platz, 10825 Berlin-Schöneberg
U-Bhf. Rathaus Schöneberg (U 4); Bus 104, 146, 185

Brandenburger Tor
Straße des 17. Juni/Ecke Ebertstraße, 10117 Berlin-Mitte
S-Bhf. Unter den Linden (S 1, 2, 25); Bus 100, 200, TXL

Checkpoint Charlie
Friedrich-/Ecke Zimmerstraße, 10969 Berlin-Kreuzberg
U-Bhf. Kochstraße (U 6); Bus 129

33

Der Tod des Benno Ohnesorg

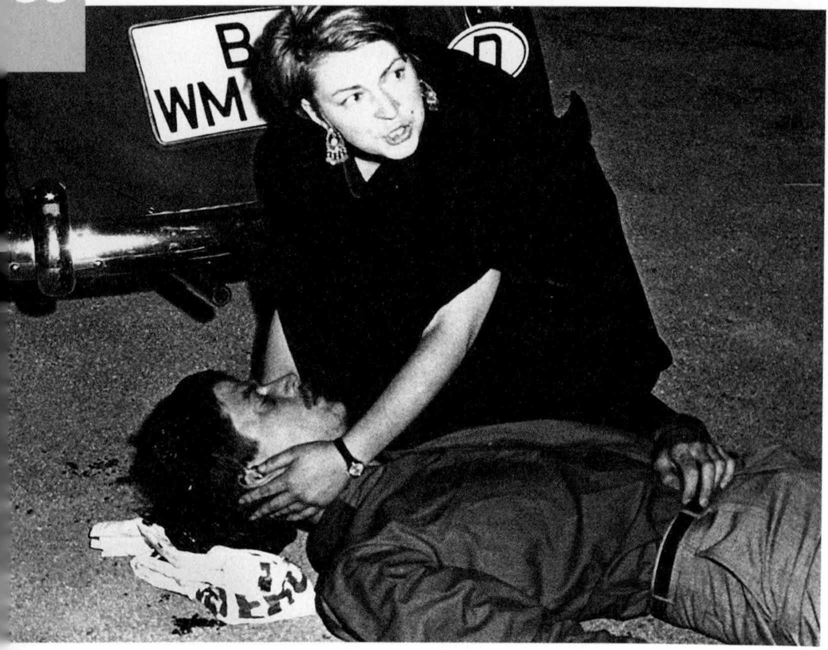

Benno Ohnesorg, erschossen am 2. Juni 1967

Am Mittag des 2. Juni 1967 war Benno Ohnesorg ein ganz normaler Student, am Abend war er tot und am nächsten Morgen bereits eine Legende.

Der Tag, an dem Benno Ohnesorg bei einer Demonstration von der Berliner Polizei erschossen wurde, markiert einen Einschnitt in der studentischen Protestbewegung der Bundesrepublik. Sein Tod wirkte wie eine Initialzündung für eine umfassende Politisierung und Radikalisierung. Zu Beginn der siebziger Jahre schlossen sich in Berlin mehrere Gruppen zur terroristischen »Bewegung 2. Juni« zusammen.

Anlass für die Demonstration im Juni 1967 war eine Festveranstaltung für den persischen Schah in der Deutschen Oper, wo er mit seiner Frau Farah Diba die Aufführung von Mozarts »Zauberflöte« besuchte. Gegen Schah Mohammad Resa Pahlawi, der mit Unterstützung der USA im Iran ein diktatorisches Regime ausübte, in dem die Meinungsfreiheit unterdrückt, politische Parteien verboten und Kritiker gefoltert wurden, protestierten etwa 3000 Studenten. Gegen 18.00 Uhr hatten sie sich vor der Oper versammelt, gemeinsam mit Exilpersern und Schaulustigen. Die Polizei drängte die Menge auf den Bürgersteig der gegenüberliegenden Straßenseite, der nach hinten durch den Lattenzaun eines Baugrundstückes begrenzt war. Die Polizei hatte es an dem Tag auf die Studenten abgesehen, wie die spätere Rekonstruktion der Ereignisse durch den Buchautor Christopher Görlich ergab. Bereits am Mittag des 2. Juni hatte der Leiter des Presse- und Informationsamtes des Berliner Senats in kleiner Runde erklärt: »Na, heute können die Burschen sich auf etwas gefasst machen, heute gibt es Dresche!« Die Situation vor der Oper spitzte sich zu, als um 19.20 Uhr schahtreue Perser, die schon am Mittag vor dem Schöneberger Rathaus unter den Augen der Polizei auf dort demonstrierende Studenten eingeschlagen hatten, aus den BVG-Bussen stiegen und gegenüber den Studenten Aufstellung nahmen. Einige Studenten kletterten auf die umstehenden Bäume. Als sie auf Befehl der Polizisten wieder runterkamen, wurden sie von ihnen mit Gummiknüppeln empfangen. Sie riefen: »SA! Gestapo! Warum prügelt ihr für den Schah?« Rauchkerzen flogen von den Demonstranten in Richtung Polizei und »Jubelperser« – und wieder zurück. Kurz vor 20 Uhr fuhr die Eskorte des Schahs vor, mit ihm der Regierende Bürgermeister Heinrich Albertz und Bundespräsident Heinrich Lübke. Als der Schah ausstieg, flogen Eier, Tomaten und Farbbeutel in seine Richtung. Nachdem die Gäste im Gebäude verschwunden waren, ordnete Albertz gegenüber dem Polizeipräsidenten Erich Duensing an: »Wenn ich hier rauskomme, ist alles sauber!« Die Polizei versuchte nun, Schaulustige und Studenten zu trennen, um eine »einheitliche Störergruppe« definieren zu können. »Knüppel frei!« befahl der Einsatzleiter Heribert Iwicki bereits um 20.04 Uhr. Etwa zwei Dutzend Polizisten stießen nun in die Menge der eingekesselten Studenten und trieben sie mit ihren Schlagstöcken in Richtung Krumme Straße. Ein Student versuchte, sich vor der Polizei und den Wasserwerfern in den Garagenhof Krumme Straße 66/67 zu retten. Zwei Polizisten spürten ihn dort auf und verprügelten ihn. Benno Ohnesorg, von dem bis heute unklar ist, ob er Demonstrant oder Schaulustiger war, und andere wollten ihm helfen und liefen dorthin. Polizisten schlugen auf Ohnesorg ein. Es fiel ein Schuss, Benno Ohnesorg wurde von hinten in den Kopf getroffen. Bewusstlos sank er zu Boden. Eine junge Frau, Friederike Hausmann, versuchte Erste Hilfe zu leisten. Später erinnert sie sich: »Zwei Polizisten zerrten mich hoch und wollten mich wegjagen, aber ich schrie sie nur an, sie sollten doch lieber einen Krankenwagen holen, der Mann sei doch offensichtlich verletzt.« Über Lautsprecherwagen wurde auf den Straßen indes fälschlicherweise verkündet, dass ein Polizist von einem Studenten erstochen worden war. Außer sich über den Tod eines Kollegen, jagten die Polizisten, unterstützt von Bus- und Taxifahrern, die Studenten quer durch Berlin. Kurz nach 21 Uhr starb der Student Benno Ohnesorg im Krankenhaus Moabit.

In der Presseerklärung des Regierenden Bürgermeisters Albertz, die in der Nacht verbreitet wurde, hieß es: »Die Polizei, durch Rowdies provoziert, war gezwungen, scharf vorzugehen und von ihren Schlagstöcken Gebrauch zu machen. Ich sage Ihnen ausdrücklich und mit Nachdruck, daß ich das Verhalten der Polizei billige …«

Am 29. September 1967 musste Heinrich Albertz zurücktreten. Er arbeitete wieder als Gemeindepfarrer. Ende der Siebziger und in den achtziger Jahren engagierte er sich in der Friedensbewegung und in Menschenrechtsorganisationen. Der Zivilpolizist Karl-Heinz Kurras, der mutmaßlich vorsätzlich auf Benno Ohnesorg geschossen hatte, wurde vom Gericht wegen Unzurechnungsfähigkeit freigesprochen.

Erst am 15. Dezember 1990 wurde an der Deutschen Oper ein Mahnmal für Benno Ohnesorg aufgestellt.

→ **Denkmal für Benno Ohnesorg**
Bismarckstraße 35
10367 Berlin-Charlottenburg; U-Bhf. Deutsche Oper (U 2)

Kommune 1 – freie Liebe in Charlottenburg

Die Kommune 1 feiert die Entlassung Teufels aus dem Gefängnis, links Dieter Kunzelmann und Rainer Langhans

Sie trugen lange Haare, hörten Rockmusik, rauchten Haschisch und Marihuana, forderten freien Sex. Die Männer und Frauen der Kommune 1 waren eine Provokation für die deutsche Nachkriegsgesellschaft und Protestidole für die Angehörigen ihrer Generation. Sie wollten nicht mehr und nicht weniger als die Revolution in Deutschland, auch wenn unklar blieb, wie die »Gesellschaftliche Umwälzung« denn genau auszusehen hätte.

Am 1. Mai 1967 zogen die jungen Leute, die sich von den Treffen des Sozialistischen Deutschen Studentenbundes (SDS) her kannten, in der Kaiser-Friedrich-Straße 54a ein und bildeten eine Kommune. Sie wurde zur populärsten in Deutschland. Es waren fünf Männer und drei Frauen, unter ihnen Fritz Teufel und Dieter Kunzelmann, etwas später kamen auch Rainer Langhans und das Foto-Modell Uschi Obermeier hinzu. Ihre erste gemeinsame Wohnung kostete 750 Mark und lag im dritten Stock. Der Rest des Hauses wurde von den Animierdamen des Nachtclubs aus dem Erdgeschoss als Bordell genutzt.

Die Kommunarden begehrten gegen all jene Normen und Werte auf, die der Generation ihrer Eltern wichtig waren: Ordnung, Gehorsam und gepflegte Bürgerlichkeit. Ihr alternativer Lebensstil war gleichsam eine Abrechnung mit der Generation ihrer Eltern, der Kriegsgeneration. Den eigenen Vätern warfen die Kommunarden vor, mit ihrem blinden Gehorsam und dem Hochhalten von Sekundärtugenden wie Pünktlichkeit und Ordnungssinn, das Wesentliche aus dem Auge verloren und im »Dritten Reich« das Unmenschliche möglich gemacht zu haben. Der Aggressivität der Tätergeneration setzten sie das Motto »Love, Peace and Happiness« entgegen. Ihr Ziel war das friedliche Miteinander aller mit allen. Dazu gehörte auch das Ausprobieren einer neuen Lebensform. »Es sollte als Form des Zusammenwohnens und Zusammenarbeitens, des sich gegenseitigen Helfens in allen Lebenslagen die adäquate Alternative zur Kleinfamilienexistenz beziehungsweise zum isolierten und von allen politischen Zusammenhängen abgesonderten Leben in zellenartigen engen Studentenbuden darstellen«, schrieb Gründungsmitglied Dieter Kunzelmann in seinem Buch »Leisten Sie keinen Widerstand«. In der Kommune 1 gab es kein persönliches Eigentum, jeder stellte sein Geld, das er mit Hilfsarbeit, Stipendium oder sonstwie verdient hatte, allen zur Verfügung. Aus einer gemeinsamen Kasse konnte sich jeder nehmen, was er brauchte. Reichte es nicht, wurde das zum Leben Notwendige eben in den umliegenden Geschäften gestohlen – schließlich plädierten sie für die Abschaffung des Privateigentums. In der Wohnung blieben alle Türen blieben stets offen, jeder erzählte in den so genannten Psychodiskussionen alles über sich, immer die ungeschminkte Wahrheit. Freizügigkeit bestimmte auch die Sexualität, jeder sollte Sex haben, mit wem er wollte – jedenfalls theoretisch. Damals entstand der Spruch: »Wer zweimal mit derselben pennt, gehört schon zum Establishment.« Gemeinsam planten die Kommunarden Aktionen, mit denen sie provozieren und schockieren wollten, Polizei und Staat der Lächerlichkeit preisgeben – manchmal mit makaberem Humor. So sprang Kunzelmann während der Trauerfeier für den ehemaligen Reichstagspräsidenten Paul Löbe aus einem von den teilnehmenden Kommunarden mitgebrachten Sarg und verteilte Flugblätter an die Gäste. Nach dem Brüsseler Kaufhausbrand mit 400 Toten im Mai 1967 verteilte die Kommune ein Flugblatt mit der Aufschrift »Wann brennen die Berliner Kaufhäuser?« und »burn, warehouse, burn!«. Häufig kamen die Kommunarden mit dem Gesetz in Konflikt, wurden verhaftet, wieder freigelassen, verhaftet, wieder freigelassen. Fritz Teufel sagte später über sich: »Meine Aufgabe in der Kommune 1 bestand darin, im Gefängnis zu sitzen.« Schon bevor sie ihre gemeinsame Wohnung bezogen hatten, war die Öffentlichkeit durch ihr so genanntes Pudding-Attentat auf den amerikanischen Vizepräsidenten Hubert Horatio Humphrey auf sie aufmerksam geworden. Sie planten, den Vizepräsidenten, der am 5. April 1967 West-Berlin besuchte, mit selbstgebastelten Bomben aus Pudding und Mehl zu bewerfen. Doch so weit kam es nicht, sie wurden einen Tag vor dem Besuch während ihrer Wurfübungen im Grunewald verhaftet.

Die Kommune 1 und die von ihr propagierte Lebensform wurden bald in ganz Deutschland bekannt und heftig diskutiert. Auf das immer größer werdende Medieninteresse reagierten die Mitglieder der Kommune prompt: Über die Eingangstür ihrer Wohnung in der Kaiser-Friedrich-Straße hängten sie ein Schild mit der Aufschrift: »Erst blechen, dann reden«.

Das ersehnte friedliche Zusammenleben hielt der Realität jedoch nicht lange stand, der freizügige Partnertausch und die eifersuchtsfreie Liebe erwiesen sich für alle Kommunarden bald als problematisch, der erste Auszug fand bereits am 2. Juni statt. Andere wiederum zogen ein – es war ein ständiges Kommen und Gehen. Gut ein Jahr später wurde die Wohnung in der Kaiser-Friedrich-Straße zu klein. Am 1. August 1968 zog die Kommune 1 in eine Fabriketage in Moabit, in der alle in einem großen Raum lebten. Nach insgesamt 30 Monaten alternativen Zusammenlebens löste sich die Kommune 1 offiziell auf. Die neue Art des Zusammenlebens nahmen sich jedoch viele zum Vorbild für Wohngemeinschaften überall in Deutschland.

Die Kommunarden gingen höchst unterschiedliche Wege. Uschi Obermeier tourte durch Amerika, wurde Jetset-Lady und die Geliebte von Jimy Hendrix, Keith Richards und Mick Jagger; heute lebt sie als Schmuckdesignerin in der Nähe von Los Angeles. Fritz Teufel fuhr später als Fahrradkurier durch die Stadt und lebt in einer stabilen Zweierbeziehung im Wedding. Rainer Langhans hat sich vom Kommunen-Leben nie ganz losgesagt. Seit 1969 wohnt er in München in einer Wohnung, in der ihn regelmäßig fünf Frauen besuchen. Dieter Kunzelmann wurde 1983 für knapp zwei Jahre Abgeordneter der Alternativen Liste, einem Vorläufer der Grünen. Einen seiner letzten Gags inszenierte er am 3. April 1998. Er veröffentlichte in der Berliner Zeitung seine eigene Todesanzeige: »Nicht nur über sein Leben auch über seinen Tod hat er frei bestimmt. Dieter Kunzelmann 1939–1998«, und tauchte für ein Jahr unter. Die ehemalige Wohnung der Kommune 1 ist inzwischen zweigeteilt worden. Die eine wird als Privatwohnung von einem älteren Ehepaar, die andere als Tonstudio genutzt.

→ **Ehemalige Wohnung der Kommune 1**
Kaiser-Friedrich-Straße 54a, 10627 Berlin-Charlottenburg
S-Bhf. Charlottenburg

Schüsse auf Rudi Dutschke

35

Nach dem Attentat: das Fahrrad von Rudi Dutschke

Josef Erwin Bachmann reiste am 10. April 1968 von München nach Berlin – um Rudi Dutschke zu töten. Dutschke, einen der führenden Köpfe des Sozialistischen Deutschen Studentenbundes (SDS), kannte er nur aus den Medien; er war rechts, Dutschke war links, er war Hilfsarbeiter, Dutschke ein Intellektueller. Beide waren etwa gleich alt, beide stammten aus der DDR. Bachmann, der 1956 in den Westen geflohen war, bildete sich ein, Dutschke zu hassen. Sechs Tage nach dem Mord an Martin Luther King im amerikanischen Memphis fuhr er um 21.52 Uhr mit dem Nachtzug los. Bei sich trug er einen Zeitungsausschnitt der »Deutschen Nationalzeitung« vom 22. März des Jahres mit der Schlagzeile »Stoppt Dutschke jetzt«, einen Revolver und die dazugehörige Munition. Als er am nächsten Morgen, es war Gründonnerstag, Berlin erreichte, machte er sich auf die Suche nach dem achtundzwanzigjährigen Dutschke. Dieser war von seiner Wohnung in der Nassauischen Straße mit dem Fahrrad in die Zentrale des SDS am Kurfürstendamm 140 gefahren. Gegen 16 Uhr sagte ihm jemand, dass eben einer nach ihm gefragt hätte. »Er soll unten warten«, antwortete Dutschke. Rund 40 Minuten später trat Dutschke auf die Straße, bestieg sein Fahrrad und fuhr los, um Medizin für seinen Sohn Hossea aus der Apotheke zu holen. Nach etwa 30 Metern, in Höhe Kurfürstendamm 142, trat Bachmann auf ihn zu: »Ich sah, wie ein Mann sich in meine Richtung in Bewegung setzte. Ohne etwas zu ahnen, sah ich, wie er mir immer näher kam. Nachdem die letzte Autowelle zwischen uns vorübergefahren war, ging Bachmann nun über die Straße. Kaum hatte er den Gehweg erreicht, wendete er sich direkt an mich und fragte in einem Abstand von zirka zwei Metern: ›Sind Sie Rudi Dutschke?‹ Ich zögerte nicht und sagte ›Ja‹, und in einem sekundenhaften, blitzartigen Augenblick riß er seine Pistole aus der Jackentasche und schießt.« Drei Schüsse feuerte Bachmann auf Dutschke während er ihn mit »Du dreckiges Kommunistenschwein« beschimpfte. Der erste Schuss traf Dutschke in die rechte Wange. Er stürzte vom Fahrrad, taumelte über Straße und Bürgersteig, verlor dabei seine Schuhe, brach schließlich zusammen. Der zweite Schuss traf den bereits am Boden liegenden in den Kopf, der dritte seine Schulter. Bachmann floh in den Keller des nahe gelegenen Hauses in der Nestorstraße 54, Passanten verfolgten ihn. Die Polizisten verhaftete den Attentäter unter Einsatz von Tränengas und nach einem Schusswechsel, bei dem sie Bachmann am Arm und an der Brust verwundeten. Rudi Dutschke wurde erst ins Albrecht-Achilles-Krankenhaus und aufgrund der Schwere seiner Verletzungen etwas später in das Westend-Krankenhaus gebracht. Während der mehrstündigen Operation meldete der Sender Freies Berlin (SFB) fälschlicherweise seinen Tod. Rudi Dutschke aber überlebte, wenn auch schwer verletzt. Als Folge des Attentats war sein Sprachzentrum gestört, er musste wieder neu sprechen und schreiben lernen.

In Berlin versammelten sich am Abend des Attentats rund 1.400 Studenten zu einer Diskussion und Kundgebung im Auditorium maximum der Technischen Universität. Sie klagten den Axel Springer Verlag an, für das Attentat auf Dutschke verantwortlich zu sein, denn in seinen Zeitungen war mit Schlagzeilen wie »Stoppt den roten Terror jetzt!« und Kommentaren wie: »Man kann nicht die ganze Drecksarbeit der Polizei überlassen«, die Stimmung gegen Dutschke aufgeheizt worden. Später zogen die Demonstranten zum Axel-Springer-Hochhaus in der Kochstraße, um die Auslieferung der Bild-Zeitung zu verhindern. Als sie dort ankamen, war ihre Zahl auf rund 2.000 gestiegen. Sprechchöre wie »Springer – Mörder« und »Bild hat mitgeschossen« waren zu hören, die jungen Leute versuchten, das Verlagshaus zu stürmen. Gegen 22.45 Uhr erreichte ein zweiter Demonstrationszug mit etwa 3.000 Teilnehmern das Gebäude. Steine flogen, Scheiben gingen zu Bruch. Die Polizei setzte Wasserwerfer ein, eine Straßenschlacht entbrannte, Molotowcocktails wurden geworfen, die Garage mit mehreren Lieferwagen brannte, einige auf der Straße stehende Fahrzeuge wurden umgekippt und demoliert. Der Polizei gelang es erst nach Mitternacht, den Platz vor dem Verlagshaus zu räumen. Auch in anderen Städten der Bundesrepublik kam es an diesem Abend und an den folgenden Tagen zu Demonstrationen mit jeweils mehreren tausend Menschen. Sie sind als »Osterunruhen« in die Geschichte eingegangen. Alfred Willi Rudolf Dutschke, wie der Studentenführer mit vollständigem Namen hieß, war zu einer Ikone der Studentenbewegung geworden.

Dutschke stammte aus dem brandenburgischen Luckenwalde, 50 Kilometer südlich von Berlin. Schon als Schüler der dortigen Oberschule hatte er sich politisch engagiert, gegen die Wiederbewaffnung und für die deutsche Wiedervereinigung gesprochen – in der Aula seiner Schule, vor 200 Mitschülern. Dutschke durfte deshalb in der DDR nicht studieren und wich 1960 nach West-Berlin an die Freie Universität aus. Er studierte Soziologie und wurde Mitglied des SDS. Dieser Studentenbund engagierte sich für die Dritte Welt und gegen den Vietnamkrieg, er forderte die Einführung der »Rätedemokratie« und des Sozialismus in Deutschland, die Abschaffung des Militärs und eines unterdrückerischen (»repressiven«) Staatsapparates überall in der Welt, und er engagierte sich für die Bewusstwerdung und Selbstbestimmung jedes Ein-

zelnen: eine Welt der Gleichheit, Freiheit und Brüderlichkeit. Der Zulauf war groß, aus dem SDS ging die Apo, die Außerparlamentarische Opposition, hervor. Rudi Dutschke war ihr führender Kopf.
Noch im Jahr des Attentats verließen Rudi Dutschke und seine Familie Deutschland, ab 1971 lebte er im dänischen Aarhus, wo er als Dozent an der Uni tätig war. Ab 1972 reiste er immer wieder nach Deutschland und West-Berlin und begann erneut, politisch zu arbeiten. Im Dezember 1979 wurde er zum Delegierten für den Gründungsparteitag der Grünen gewählt, doch seinen Einfluss auf Programm und Tagespolitik konnte er nicht mehr realisieren. Rudi Dutschke starb am 24. Dezember 1979 im Alter von 39 Jahren in Aarhus an den Spätfolgen des Attentates. Josef Erwin Bachmann wurde am 14. März 1969 zu sieben Jahren Zuchthaus verurteilt, ein Jahr später beging er Selbstmord, er erstickte unter einer sich selbst übergestülpten Plastiktüte.
Seit dem 23. Dezember 1990 erinnert an der Stelle des Attentats am Kurfürstendamm 142 eine in den Boden eingelassene Gedenktafel an Rudi Dutschke. An dem Verlagsgebäude der linksalternativen Tageszeitung »die tageszeitung« (taz), deren Gründung Dutschke 1979 noch hilfreich begleitet hatte, ist ebenfalls eine Gedenktafel angebracht. Das Verlagsgebäude trägt den Namen Rudi-Dutschke-Haus.

Granittafel für Rudi Dutschke
Im Gehweg, Kurfürstendamm 142
Ecke Joachim-Friedrich-Straße, 10709 Berlin-Wilmersdorf
Bus X10, 110, 119, 129, 219
Rudi-Dutschke-Haus (die tageszeitung/taz)
Kochstraße 18, 10969 Berlin-Kreuzberg
U-Bhf. Kochstraße (U 6); Bus 129

Terroristenversteck in Kreuzberg

36

Am Tag der Lorenz-Entführung erschienene Zeitungen

Was für eine Provokation: Ausgerechnet gegenüber dem Büro des CDU-Kreisverbandes von Kreuzberg hielt die Terrorgruppe »Bewegung 2. Juni« fünfeinhalb lange Tage den CDU-Vorsitzenden und Präsidenten des Abgeordnetenhauses Peter Lorenz gefangen. Das Kellerversteck in der Schenkendorfstraße 7 in Kreuzberg nannte sie selbstgefällig »Volksgefängnis«. Zur Tarnung hatte die Gruppe wenige Monate zuvor in den Räumen darüber einen Trödelladen eröffnet. Die Tat, die damals ganz Deutschland in Atem hielt, erfolgte am Donnerstag, den 27. Februar 1975, vier Tage vor der Wahl des Berliner Abgeordnetenhauses. An jenem Donnerstag stieg Peter Lorenz, eine Stunde später als sonst, um 8.52 Uhr in seinen schwarzen Dienst-Mercedes, um ins Schöneberger Rathaus zu fahren. Die Fahrt endete bereits nach 1.500 Metern, als der Wagen im Zehlendorfer Quermatenweg von einem Kleinlaster gestoppt wurde. Der Fahrer von Lorenz musste scharf bremsen, ein roter Fiat fuhr auf. Lorenz' Fahrer stieg aus, um den Schaden zu begutachten, und wurde dabei von einem als Straßenfeger verkleideten Terroristen niedergeschlagen, mit einer als Besen getarnten Eisenstange. Zeitgleich sprangen vier Komplizen in den Mercedes des Politikers und fuhren, während dieser sich heftig wehrte und dabei die Frontscheibe seines Wagens eintrat, zur Autobahnauffahrt Hüttenweg. Mit 160 km/h und ohne Frontscheibe raste der Wagen über die Avus und dann in eine Tiefgarage in der Kantstraße. Dort wurde Lorenz in den Kofferraum eines Golfs verfrachtet und die Fahrt ging fernab der Hauptstraßen weiter zu einem Friedhof in Kreuzberg. In einer kleinen Seitenstraße stand ein Ford-Transit bereit. Dort wurde Lorenz rund 45 Minuten später in eine Möbeltruhe gesteckt und in die Schenkendorfstraße 7 gefahren. Die Entführer entluden das »Möbelstück«, trugen es vorbei an schwatzenden Frauen in den Trödelladen und von dort in den Keller. Der bestand aus zwei Räumen, die beide mit dem darüber liegenden Trödelladen verbunden waren. Den einen Raum konnte man über eine Luke und den anderen über einen Durchbruch in der Küche des Ladens erreichen. Aus Maschendraht war in dem größeren Kellerraum eine Zelle für den Politiker hergerichtet worden, mit Feldbett, Tisch und Stuhl, einer Lampe und einem Eimer. An der Wand hing eine Anweisung für ein Gymnastikprogramm. In dem anderen, kleineren Raum schoben die Terroristen Wache. Am nächsten Morgen erhielt die Deutsche Presseagentur um 9.20 Uhr ein Polaroid-Foto zugeschickt. Darauf hielt Lorenz ein Plakat vor seiner Brust mit den Worten: »Peter Lorenz – Gefangener der Bewegung 2. Juni«. Die Entführer forderten die Freilassung von sechs inhaftierten Terroristen sowie von zwei kurz zuvor verhafteten Demonstranten. Zusätzlich wollten sie ein Lösegeld von DM120.000. Die Rechnung der Entführer, »… dass die regierende SPD den mutmaßlichen Wahlsieger nicht einfach über die Klinge springen lassen kann«, wie es einer der Terroristen später formulierte, ging auf. Nach heftigen Diskussionen willigte der SPD-geführte Berliner Senat ein, auf die Forderungen einzugehen. Am Samstag, dem 1. März 1975, wurden die zwei festgenommenen Demonstranten entlassen. Für die inhaftierten Terroristen stand am 3. März eine voll getankte Boeing 707 bereit. In Begleitung des früheren Regierenden Bürgermeisters Heinrich Albertz, den die Entführer als Begleitperson gefordert hatten, bestiegen fünf Terroristen – Gabi Kröcher-Tiedemann, Rolf Heißler, Rolf Pohle, Ina Siepmann und Verena Becker – das Flugzeug. Der sechste Terrorist, Horst Mahler, hatte am Abend zuvor gegenüber der ARD-Tagesschau erklärt, dass er eine Freilassung auf diese Art und Weise ablehne. Um 9.56 Uhr flog die Boeing zunächst in Richtung Salzburg, dann nach Rom, Tripolis, Addis Abeba, bis sie schließlich in Aden im Südjemen landete, wo den Gefangenen von der dortigen Regierung Freizügigkeit garantiert wurde. Am Abend darauf brachten die Entführer Peter Lorenz in den Stadtpark Wilmersdorf, wo sie ihn um Mitternacht an einer Parkbank mit Geld zum Telefonieren freiließen. Lorenz verabschiedete sich per Handschlag von seinen Kidnappern und bedauerte ihnen gegenüber ironisch, dass er sie »unter diesen Umständen kennen gelernt hätte«.

Diese Entführung war die erste und einzige in Deutschland, bei der die Forderungen der Erpresser komplett erfüllt wurden. Alle Beteiligten wurden später allerdings gefasst und zu mehrjährigen Haftstrafen verurteilt. Die Terrorgruppe »2. Juni«, die sich nach dem Todesdatum von Benno Ohnesorg benannt hatte, löste sich 1980 auf. Einige ihrer Mitglieder schlossen sich der Roten Armee Fraktion an.

Das Kellerverlies und der dazugehörige ehemalige Trödelladen werden heute vom Diakonischen Werk Berlin, der erste Stock als Wohnung genutzt.

Ehemaliges Versteck für Peter Lorenz
Schenkendorfstraße 7, 10965 Berlin-Kreuzberg
U-Bhf. Gneisenaustraße (U 7); Bus 341

Häuserkampf in Schöneberg

37

Gedenksteine für Rattay im Bürgersteig der Potsdamer Straße

Am 22. September 1981 kam es in der Bülowstraße im Bezirk Schöneberg zu einem Unglück, das bei vielen in West-Berlin Trauer, Wut und Empörung auslöste. Der achtzehnjährige Klaus-Jürgen Rattay aus der Berliner Hausbesetzerszene war bei Auseinandersetzungen mit der Polizei getötet worden.

An diesem 22. September hatte der im Mai neu gewählte CDU-Senat acht Häuser räumen lassen, die unter anderem von Büroangestellten, Arbeitern, Krankenschwestern, Lehrern und Punks in verschiedenen Berliner Bezirken besetzt waren. Innensenator Heinrich Lummer hatte es sich daraufhin nicht nehmen lassen, für 14 Uhr in einem dieser Häuser, in der Bülowstraße 86, eine Pressekonferenz anzuberaumen. Die Mitglieder der Hausbesetzerszene und deren Sympathisanten empfanden dies als eine unerhörte Provokation, und so versammelten sie sich gemeinsam mit Schaulustigen unter den gegenüberliegenden Hochbahngleisen, um gegen Lummer und die Räumung zu protestieren. Kurz nach Beginn der Pressekonferenz begann die Polizei, mit Knüppeln gegen die Demonstranten vorzugehen. Panik brach aus, die Menschen rannten, getrieben von den Polizisten, auf Bürgersteig und Fahrdamm in Richtung Potsdamer Straße. Die Ampel zeigte für die Autofahrer Rot, während sie auf die Kreuzung liefen. Auch als die Ampel auf Grün umsprang, blieben die Autos stehen, nur der Bus der Linie 48 fuhr zügig los, zwei Menschen auf dem Zebrastreifen sprangen zur Seite um nicht angefahren zu werden. Auch Klaus-Jürgen Rattay war auf die Kreuzung gerannt, seinen Blick nach hinten, den dicht folgenden Polizisten zugewandt. Als er wieder nach vorne schaute, war der Bus ungefähr zwei Meter vor ihm. Rattay riss beide Arme hoch, der Linienbus erfasste ihn frontal. Sein Kopf knallte gegen die Windschutzscheibe. Rattay wurde vom linken Vorderrad des Busses mitgeschleift, bis Passanten den Fahrer zum Halten zwangen. Ein Augenzeuge: »Ich hörte hinter mir einen Aufprall, drehte mich um und sah, wie ein dunkel gekleideter Mensch auf der Fahrerseite des Busses zusammensank und direkt unter das linke Vorderrad des inzwischen fast stillstehenden Busses fiel. Dieser fuhr jetzt wieder an und überrollte den Menschen.« Klaus-Jürgen Rattay starb noch an der Unfallstelle. Polizei und Senat machten zunächst unterschiedliche Angaben zu diesem Vorfall, einige Stunden später bestätigte dann ein Ermittlungsausschuss unter Berufung auf 25 Zeugen, dass Klaus-Jürgen Rattay »ohne weiteres überfahren worden sei«.

Noch am Abend versammelten sich tausende Menschen zu einem Trauermarsch, der zum Teil gewalttätige Formen annahm. Einige verteilten Flugblätter mit der Aufschrift: »Die Stadt ist groß! Es gibt viel zu brennen!«. An der Unfallstelle wurde ein Holzkreuz mit der Aufschrift »Herr Lummer, Ihr erster Toter«, aufgestellt, Blumen schmückten die Fahrbahn.

Rattay stammte aus Kleve am Niederrhein und war ein Jahr zuvor von zu Hause ausgerissen, um nach Berlin zu kommen. An den folgenden

Tagen protestierten auch in westdeutschen Städten Tausende gegen Polizeigewalt. Der SPD-Politiker Hans-Jochen Vogel, vom Januar 1981 bis zu den Neuwahlen im Mai Regierender Bürgermeister von Berlin, sagte am 23. September im Schöneberger Rathaus: »Ein Mensch ist gestorben, weil Gewalt an die Stelle des Gespräches getreten ist, weil die Netze der Kommunikation und des Vertrauens, die mühselig seit Januar 1981 geknüpft wurden, zerrissen sind.« Unter Vogel hatte die SPD in der Hausbesetzerfrage im Frühjahr die so genannte Berliner Linie verkündet. Danach sollten neu besetzte Häuser künftig sofort geräumt werden, für bereits besetzte sollten Legalisierungskonzepte ausgearbeitet werden. Für die Instandsetzung hatte die SPD ein 20-Millionen-Programm angekündigt. Lummer hingegen schlug sofort nach Amtsantritt eine härtere Gangart ein, mit dem Ziel, alle Häuser zu räumen – wenn nötig mit Gewalt.

Zu den ersten Hausbesetzungen kam es in Berlin im Jahr 1979. Ziel der Besetzer war es, leer stehende Wohnungen und Häuser in Eigenarbeit instandzusetzen, also bewohnbar zu machen und als Altbauten zu erhalten. Vielen ging es dabei auch um die Erprobung anderer Lebensformen, zum Beispiel gemeinsames Wohnen und Arbeiten. Andere wieder sahen die Hausbesetzung als Protestakt gegen das politische System der Bundesrepublik.

Zur Zeit der Räumung der Bülowstraße waren in West-Berlin rund 150 Häuser besetzt, das letzte Haus wurde im November 1984 geräumt. In dem fünfstöckigen Haus in der Bülowstraße 89 wohnen heute vornehmlich türkische Bürger. Im Erdgeschoss befindet sich der »Jugendberatungsladen Schöneberg«. Dort wo Klaus-Jürgen Rattay starb, vor dem Haus Potsdamer Straße 125, ist eine Gedenktafel in den Gehweg eingelassen.

→ **Gedenkstein für Klaus-Jürgen Rattay**
Bülowstraße/Ecke Potsdamer Straße, 10783 Berlin-Schöneberg
U-Bhf. Bülowstraße (U 2); Bus 119, 187; 148, 348

Türkische Zwiebeln im Grenzgebiet

38

»Gecekondu« auf dem ehemaligen Mauerstreifen

Erlaubt hat es ihm niemand – aber Osman Kalim hat auch niemanden um Erlaubnis gefragt. Vor 22 Jahren fing er einfach an, die rund 350 Quadratmeter große, im Sperrgebiet gelegene Fläche zwischen Mauer und Bethaniendamm in Kreuzberg zu bepflanzen. Mitten im Kalten Krieg züchtete er hier Obst und Gemüse. Eine Laune der Geschichte kam ihm zugute. Die 1961 errichtete Mauer folgte nicht dem tatsächlichen Grenzverlauf. Die verlief an vielen Stellen, so auch hier, ungerade. Um Arbeitskräfte und Betonplatten beim Bau der Mauer zu sparen, hat die DDR diese etwas zurückversetzt und so die Grenze begradigt. Es entstand ein kleines Stück Land, das dem Osten gehörte, aber sich westlich der Mauer befand – zugänglich für alle West-Berliner. Von 1961 bis 1982 lag die Fläche brach. Dann fingen Osman Kalim und seine Frau an, sie zu bewirtschaften – die Grenztruppen der DDR beobachteten das Treiben zunächst mit Argwohn. Kalim beteuerte, er sei ein armer Bauer aus Anatolien und wolle sich etwas dazuverdienen, zwei Jahre später erhielt er von der SED die Erlaubnis, die Fläche zu nutzen. Sah die DDR in ihm doch ein »Opfer kapitalistischer Verhältnisse«. Er schüttete Erde auf und baute Gemüse, Obst und Blumen an, um bei guter Ernte die Erzeugnisse auf dem einige hundert Meter entfernten Markt am Maybachufer zu verkaufen. Kalim, der damals direkt gegenüber der Mauer und später am wenige Straßen entfernten Lausitzer Platz wohnte, baute sich auf dem Mauergrundstück eine Art Laube aus dem, was er auf der Straße fand: Blech, Holzlatten, Leitern, Plastiktüten und Schaumstoff. »Gecekondu« nennt man in der Türkei diese illegal und oft über Nacht am Rande der Großstadt gebauten Hütten. Mit dem Fall der Mauer begannen für das Ehepaar Kalim Zeiten der Ungewissheit. Wie würde der neue gesamtdeutsche Staat reagieren? Müsste der Türke nun, da der Sonderstatus Berlins vorbei war, womöglich Pacht zahlen oder verschwinden? Beides brauchte er bislang nicht. Auch 14 Jahre nach dem Fall der Mauer dürfen der inzwischen in die Jahre gekommene Kalim und seine Frau den Garten, der für sie – wie sie sagt – ein Stückchen Anatolien inmitten Berlins sei, weiter bewirtschaften. Die Berliner Behörden erlaubten ihnen dort zu bleiben, zumindest bis das kleine Eckgrundstück für die Straßenanbindung der Mariannenstraße an den Bethaniendamm benötigt wird.

Türkischer Gemüsegarten mit »Gecekondu«
Mariannenplatz/Ecke Bethaniendamm, 10997 Berlin-Kreuzberg
Bus 140, 147, 265

Das wiedervereinigte Berlin

Zwei Monate nach dem Tag der deutschen Einheit am 3. Oktober 1990 fanden in Berlin Wahlen statt. Erstmals seit 44 Jahren wählten die Berliner am 2. Dezember 1990 ein Gesamt-Berliner Abgeordnetenhaus. In der Folgezeit entwickelte sich die Stadt zur größten Baustelle Europas.

Bis auf wenige als Denkmal erhaltene Abschnitte wurde die Mauer beseitigt, die die Stadt 28 Jahre geteilt hatte. Die Straßen- sowie U- und S-Bahnverbindungen zwischen Ost und West wurden wieder hergestellt, der ehemalige Todesstreifen bebaut oder zumindest begrünt. Es entstanden völlig neue Zentren, wie der Potsdamer Platz mit seinen Hotels, Restaurants, Kinos und Bars. Während der jahrzehntelangen Teilung hatte jede Stadthälfte ihre eigenen städtischen und kulturellen Einrichtungen aufgebaut. Mit der Wiedervereinigung besaß Berlin deshalb nun vieles doppelt: Verwaltung, Polizeiorganisation, Feuerwehr, Stromnetz, staatliche Rundfunk- und Fernsehanstalten, Universitäten; es besaß drei miteinander konkurrierende Opernhäuser, zwei Akademien der Wissenschaft und der Künste, zwei Kunsthochschulen, zwei Hochschulen für Musik, einen Zoo im Westen und einen Tierpark im Osten. Aus finanziellen Gründen war es notwendig zu reduzieren – ein politisch heikles Unterfangen, das verstärkt im Ostteil der Stadt zu zahlreichen Streichungen führte. Auch viele Industriebetriebe mussten dort schließen, da sie für den Wettbewerb in einer Marktwirtschaft nicht ausgerüstet, ihre Produkte durch die neue Konkurrenz aus dem Westen zum Teil nicht mehr gefragt waren.

Für den Verkauf des Staatsbesitzes der DDR und für die Sanierung ihrer Betriebe war die Treuhand zuständig. Vom März 1991 bis zum Dezember 1994 hatte sie im ehemaligen Reichsluftfahrtministerium ihren Sitz, heute ist dort das Bundesfinanzministerium untergebracht. Das 1936 nach Plänen des Architekten Ernst Sagebiel errichtete Gebäude gehört zu den wenigen erhaltenen Monumentalbauten des Nationalsozialismus.

Nachdem die militärischen Truppen der vier Siegermächte 49 Jahre in Berlin stationiert gewesen waren, wurden sie 1994 endgültig aus der

Abbildung S. 145: Die Berliner Mauer am Potsdamer Platz im November 1989

Stadt abgezogen. Die Verabschiedung der sowjetischen Verbände fand unter Anwesenheit des russischen Präsidenten Boris Jelzin am 31. August 1994 statt. Die Verabschiedung der amerikanischen, britischen und französischen Truppen erfolgte in einer gemeinsamen Veranstaltung am 8. September 1994.
Das wiedervereinigte Berlin ist in vielfacher Hinsicht noch immer zweigeteilt. Deutlich unterscheiden sich zum Beispiel die Wahlergebnisse. Während die PDS, Rechtsnachfolgerin der SED, der früheren Staatspartei der DDR, im Osten die stärkste politische Kraft ist und bei den Berlin-Wahlen 2001 einen Stimmenanteil von 44,7 Prozent erzielte, führt sie im Westen ein Nischendasein. Die CDU brachte es im Osten dagegen nur auf 14,8 Prozent der Stimmen.
In beiden Stadthälften existieren auch eigene kulturelle und gesellschaftliche Zentren. Der Westen flaniert, kauft ein, trinkt und speist rund um den Kurfürstendamm. Die Einkaufsmeile mit der Gedächtniskirche als Wahrzeichen ist noch immer der Treffpunkt vieler West-Berliner. Die Ostberliner Mitte hingegen befindet sich Unter den Linden, am Alexanderplatz und am Gendarmenmarkt. Die vielen jungen, zugezogenen Neu-Berliner shoppen und amüsieren sich rund um die sanierten Hackeschen Höfe. Ein Miteinander von Ost und West, von Jung und Alt, von Wohnen, Arbeiten und Amüsieren verleiht dem Kollwitzplatz in Prenzlauer Berg einen ganz besonderen Charme.
Das politische Zentrum liegt am Spreebogen. Dort erhebt sich das neue, für die Regierung des wiedervereinigten Deutschlands errichtete Bundeskanzleramt. Kurz nach der knappen Entscheidung des Deutschen Bundestages am 20. Juni 1991, den Sitz der Regierung und des Parlaments von Bonn nach Berlin, in die Hauptstadt des wiedervereinigten Deutschlands, zu verlegen, begann die Planung. Am 2. Mai 2001 bezog dann Bundeskanzler Gerhard Schröder, der bereits seit dem 23. August 1999 aus dem ehemaligen Staatsratsgebäude der DDR in Berlin-Mitte regierte, das neue Amt. Der vis-à-vis gelegene Reichstag wurde als Sitz des Bundestages von 1995 bis 1999 umgestaltet. Seitdem krönt eine große Kuppel aus Glas und Stahl das Gebäude. Sie steht für Transparenz und Volksnähe, von oben können die Besucher der Kuppel, die jedem zugänglich ist, auf die Regierung hinunterschauen. Die

Kuppel wurde schnell zu einem Wahrzeichen Berlins – und der deutschen Demokratie.

Seit der Wiedervereinigung ist die Einwohnerzahl Berlins geringfügig zurückgegangen, heute leben in der Hauptstadt knapp 3,4 Millionen Menschen – und mit seinen rund 50 Milliarden Euro Schulden gehört Berlin inzwischen zu den ärmsten Großstädten Deutschlands. Die deutsche Metropole, einst die größte Industriestadt des Deutschen Reiches, trägt immer noch schwer an ihrer Kriegs- und Nachkriegsgeschichte. Die Zahl der industriellen Arbeitsplätze geht zurück. Die neuen Arbeitgeber – Regierung, Verwaltung, Kultur und Medien – konnten diese Defizite bisher nicht vollständig ausgleichen, zumal die Subventionen, die die Stadt während des Kalten Krieges erhielt, deutlich zurückgegangen sind.

Die Faszination der größten deutschen Stadt ist jedoch unverändert groß: Berlin gilt zu Recht als Ort, wo jeder heute vielleicht erstmals, nach einem berühmten Wort des preußischen Königs Friedrich II., nach seiner »eigenen Façon selig werden« kann.

Die Mauer
Geschichte und Spuren

39

Die Berliner Mauer in Kreuzberg, aufgenommen 1975

Walter Ulbricht, seinerzeit Erster Sekretär der SED und Staatsratsvorsitzender der DDR, nannte sie einen »Antifaschistischen Schutzwall« oder auch eine »Maßnahme zur Friedenssicherung«. Die Mauer, die West- von Ost-Berlin teilte, die Ulbrichts DDR von der Bundesrepublik Konrad Adenauers trennte, machte damit West-Berlin zu einer ummauerten Insel innerhalb des kommunistischen Einflussbereichs. Mit der Absperrung wurde am 13. August 1961, in der Nacht von Samstag auf Sonntag begonnen. Um 1.54 Uhr endete der Verkehr der S-Bahn, die zur DDR-eigenen Deutschen Reichsbahn gehörte. Fünfundzwanzig Minuten später standen 10.500 Volks- und Grenzpolizisten,

8.000 Soldaten der Nationalen Volksarmee und mehrere tausend Mann aus den »Kampfgruppen der Arbeiterklasse« – betrieblich organisierte militärische Verbände staatstreuer Arbeiter und Angestellter, die dem Zentralkomitee der SED unterstanden – mit Maschinenpistolen an der Demarkationslinie. Niemand aus dem Ostteil der Stadt sollte mehr nach Westen gelangen. Im Hintergrund lauerten Militärfahrzeuge und Panzer, rund 1.000 Meter entfernt standen Truppen der Sowjetunion für den Notfall bereit. Im Scheinwerferlicht wurden der Stacheldraht entrollt, das Straßenpflaster aufgerissen, Barrikaden errichtet, Stacheldrahtzäune aufgestellt und schließlich Gräben ausgehoben. Die Regierungen der westlichen Staaten reagierten geschockt, protestierten mit scharfen Worten – übten aber ansonsten Zurückhaltung. Am 15. August 1961 begann man auf der DDR-Seite mit der Errichtung einer 160 Kilometer langen, 30 Zentimeter dicken Mauer. 43 Kilometer verliefen direkt durch die Stadt. In den folgenden Jahren perfektionierte die DDR ihre Grenze, baute sie zu einer nahezu unüberwindbaren Festungsanlage aus. Für die vierte und letzte Mauergeneration begannen die Arbeiten 1976. Sie bestand aus 3,60 Meter hohen, 1,20 Meter breiten und 50 Zentimeter dicken Betonelementen, die mit einem im Durchmesser 40 Zentimeter breiten Asbest-Betonrohr versehen wurde. Je nach Bebauungs- und Geländesituation begann 30 bis 100 Meter vor der Grenze der gefürchtete Todesstreifen. Er wurde mit immer »perfekteren« Tötungstechniken ausgestattet. Plante jemand die Flucht in den Westen, musste er als erste Hürde die Hinterlandmauer nehmen. Es folgte ein Abschnitt mit in den Boden integrierten Stolperdrähten, die bei Berührung ein Signal ins Kontrollzentrum sendeten. Dann musste er über die Hundelaufanlage den Weg mit den in bestimmten Abständen aufgestellten Beobachtungstürmen nehmen. Der Kolonnenweg war eine aus Betonplatten oder Asphalt befestigte Straße, auf der sich die Grenzsoldaten in ihren Jeeps schnell fortbewegen konnten und auf der sie – meist zu zweit – ihre Patrouillengänge durchführten. Dahinter lag der Kfz-Sperrgraben, der ein Durchbrechen der Mauer mit einem Auto verhindern sollte. Es folgte der so genannte Kontrollstreifen, ein geharktes, streckenweise auch vermintes Stück Erde an der innerdeutschen Grenze, das an der eigentlichen Mauer endete.

Die Mauer, die zum Symbol des Kalten Krieges geworden war, fiel am 9. November 1989, vier Wochen nach den Feiern zum 40. Gründungstag der DDR. Am 13. Juni 1990 begann der Abriss, die Betonreste wurden zerkleinert und für den Straßenbau verwendet. Dort, wo einst die Mauer durch die Stadt lief, zeichnet an markanten Stellen ein in Doppelreihe in den Straßenasphalt eingelassenes Kopfsteinpflaster den früheren Verlauf nach, so auf der Ebertstraße vor dem Brandenburger Tor. In den 28 Jahren, in denen Ost- und West-Berlin durch die Mauer geteilt waren, gelang über 5.000 Menschen die Flucht, rund 3.000 Personen wurden beim Fluchtversuch verhaftet, über 200 verloren dabei ihr Leben. Nur an wenigen Orten in Berlin stehen heute noch Teile der Originalmauer. Ein größeres Stück ist in der Bernauer Straße erhalten geblieben, zwischen Ackerstraße und Bergstraße können Berlin-Besucher noch den 210 Meter langen Grenzstreifen erkennen. Die Gedenkstätte Bernauer Straße vermittelt einen Eindruck von der Anlage, von der Mauer über den Todesstreifen bis zur Hinterlandmauer. In dem gegenüberliegenden Dokumentationszentrum Bernauer Straße informiert eine Dauerausstellung über die deutsch-deutsche Teilung.
In der Mühlenstraße in Friedrichshain befindet sich die einen Kilometer lange Eastside Gallery. Es ist das längste zusammenhängende Stück der Hinterlandmauer. Die großformatigen Graffitibilder entstanden in der Zeit nach der Wende.

→

Dokumentationszentrum Berliner Mauer
Bernauer Straße 111, 13355 Berlin-Wedding, Tel. 464 10 30
www.berliner-mauer-dokumentationszentrum.de
S-Bhf. Nordbahnhof (S 1, 2); Bus 245
Geöffnet Mittwoch bis Sonntag 10–17 Uhr
Eastside Gallery
Mühlenstraße zwischen Straße der Pariser Kommune und
Warschauer Straße, 10243 Berlin-Friedrichshain
Zwischen S-Bhf. Ostbahnhof und Warschauer Straße
U-Bhf. Warschauer Straße (U 1)

Die verkaufte Republik

40

Wandbild von Max Lingner am Detlev-Rohwedder-Haus

Weltweit hatte es eine solche Regierungsbehörde noch nie gegeben: In dem Haus in der Wilhelmstraße 97, in dem einst das Reichsluftfahrtministerium residierte, später dann die DDR ihr »Haus der Ministerien« einrichtete und heute Finanzminister Hans Eichel die Staatsschulden verwaltet, zog 1991 die Treuhandanstalt ein. Auftrag der Behörde war die Privatisierung des Staatsbesitzes der DDR mit seinen vielen Unternehmen, Geschäften, Immobilien und Ländereien. Die Treuhand, die formal dem Bundesministerium für Finanzen unterstand, wurde am 1. März 1990 als »Anstalt zur treuhänderischen Verwaltung des Volkseigentums« gegründet, am 1. Juli 1990 nahm sie ihre

Tätigkeit auf. Für den Spezialauftrag wurde ein besonderes Gebäude gesucht – und gefunden.

Die Wilhelmstraße 97, die von 1935 bis 1936 in nur 18 Monaten von dem Architekten Ernst Sagebiel erbaut und von 1996 bis 2001 für 350 Millionen D-Mark renoviert wurde, beherbergt eine eigene Welt: Das Haus besitzt eine Bruttofläche von 112.000 Quadratmetern, 2.400 Büros, 6,8 Kilometer Flure, 17 Treppenhäuser sowie vier Innenhöfe. Die mit Muschelkalkstein versehene Außenfassade ist 40.000 Quadratmeter groß und zählt rund 4.000 Fenster. Um in den elf Meter hohen und 480 Quadratmeter umfassenden Großen Festsaal zu gelangen, musste der Besucher erst den 1.027 Quadratmeter großen Ehrenhof, dann das zwölf Meter breite und sechs Meter tiefe Vestibül und die 615 Quadratmeter große Säulenhalle durchschreiten – eine von den Nationalsozialisten inszenierte Raumfolge, deren Zweck es war, die Besucher einzuschüchtern. Erst dann kam er über das Haupttreppenhaus zum Ziel. Am 7. Oktober 1949 fand in dem Großen Festsaal im Übrigen auch die offizielle Gründung der DDR statt. Während der Zeit des Nationalsozialismus wurde in dem hiesigen Gebäude der Luftangriff gegen England geplant. Nach dem Krieg zog die Militärverwaltung der Sowjets ein, übergab es aber 1947 der Deutschen Wirtschaftskommission, ein Kontrollgremium, das bis zur Staatsgründung der DDR den Wiederaufbau der Sowjetzone organisierte. Im Jahr 1951 wurde das Gebäude in »Haus der Ministerien« umbenannt. Dreizehn Ministerien hatten hier ihren Sitz, erstellten die Fünfjahrespläne für die DDR-Kombinate und wirkten 1953 an jener Normerhöhung mit, die von den Bauarbeitern der Stalinallee bekämpft wurde. Eine in den Boden eingelassene, 25 x 4 Meter große Glasplatte, in die ein Originalfoto der Demonstranten eingeätzt wurde, erinnert seit dem 17. Juni 2001 an den damals blutig niedergeschlagenen Aufstand. Dieses Mahnmal liegt – nicht ohne Bedacht – direkt vor dem aus Keramikfliesen bestehende Wandgemälde in der Leipziger Straße/Ecke Wilhelmstraße, das fröhliche Werktätige beim »Aufbau der sozialistischen Gesellschaft« zeigt. Das Gemälde von Max Lingner wurde im Januar 1953 angebracht und zeigt die Vision von der DDR – das Mahnmal, so der Künstler Wolfgang Rüppel, die mit Füßen getretene Realität.

Das Arbeitsergebnis der Treuhandanstalt ist alles andere als eine Erfolgsgeschichte. Ging man anfänglich davon aus, die Volkswirtschaft der DDR mit Gewinn verkaufen und viele Arbeitsplätze durch die Investitionen westlicher Firmen schaffen zu können, wurde in der viereinhalbjährigen Tätigkeit der Treuhandanstalt ein Verlust von insgesamt 204,4 Milliarden D-Mark erwirtschaftet. Der Wirtschaftsboom, den der damalige Bundeskanzler Helmut Kohl den DDR-Bürgern angekündigt hatte, blieb aus. Die Wiedervereinigung brachte rund einem Drittel der Erwerbstätigen in der ehemaligen DDR die Arbeitslosigkeit, 75 Prozent aller Industriebetriebe gingen verloren, wie der Ökonom Hans-Werner Sinn in seinem Buch »Ist Deutschland noch zu retten?« dokumentiert. Nur wenige Firmen investierten in den neuen Standort, viele Betriebe wurden von der Treuhand geschlossen, weil sie die Produktionsstätten für zu veraltet hielt. Andere Betriebe wurden an Unternehmen verkauft, die sie wiederum schnell schlossen, um keine Konkurrenz für ihre Unternehmen im Westen entstehen zu lassen.

Der Einzug der Treuhandanstalt in das geschichtsträchtige Gebäude im März 1991 war bereits der dritte Umzug der erst 20 Monate alten Behörde. Die Geschichte ihrer Umzüge innerhalb des Berliner Stadtzentrums ist vor allem die Geschichte einer permanenten Unterschätzung der Größe der Aufgabe. Der erste Verantwortliche, der Ex-Bundesbahnchef Dr. Reiner Maria Gohlke, räumte bereits nach 33 Tagen das Amt. Der ehemalige Stahlmanager Dr. Detlev Karsten Rohwedder wurde nach achtmonatiger Tätigkeit von Terroristen erschossen, das Gebäude trägt seit April 1992 seinen Namen. Die Politik der Treuhand ist im Rückblick eng mit der dritten Präsidentin, der ehemaligen niedersächsischen Wirtschaftsministerin Birgit Breuel, verknüpft, da sie mit dreieinhalb Jahren die längste Zeit im Amt verblieb. Sie musste erkennen, dass zur Privatisierung einer gesamten Volkswirtschaft der Stab der 1990 ursprünglich geplanten 500 Mitarbeiter nicht ausreichte. In der Spitzenzeit waren in der Treuhandanstalt 5.000 Mitarbeiter, darunter vor allem Anwälte, Notare, Wirtschaftsprüfer und Experten der ehemaligen DDR-Plankommission beschäftigt. Insgesamt schloss die Treuhand 42.000 Verträge zur Privatisierung des ehemaligen Staatsbesitzes. Unterstützung für ihre Arbeit holte sich die Präsidentin, über die der

Journalist Michael Jürgs schrieb, »Sie wirkte manchmal so männlich, dass man am Ende eines Gespräches versucht ist, Grüße an ihre Gattin aufzutragen«, auch von außen. Unternehmensberater verdienten bei der Treuhand Milliarden Mark, allein 1992 wurden Rechnungen in Höhe von 450 Millionen D-Mark bezahlt, was viele Westdeutsche sehr empörte. Gerade drei Monate im Amt, entließ Breuel 1.400 aus Ostdeutschland stammende Mitarbeiter der Treuhand wegen politischer Belastung, fachlicher Schwäche oder, wie es hieß, »betriebsbedingt«. Zwölf Tage später verabschiedete sie die so genannte Insiderregel, die Treuhandmitarbeitern oder deren Verwandten den Erwerb von Objekten der Treuhand nur unter besonderen und erschwerten Bedingungen ermöglichte. Damit konnte sie die Betrügereien begrenzen, aber nicht verhindern. Zahlreiche Fälle sind bekannt, in denen Mitarbeiter der Treuhand ein Objekt bewerteten, teilweise sogar die Bilanz fälschten, um es dann über einen Strohmann billig zu kaufen. Hunderte von Beratern arbeiteten teilweise ohne Verträge und berechneten später dann horrende Gebühren, die über den Tagessatz von 4.000 Mark weit hinausgingen, eine Leistungskontrolle blieb oftmals aus, auch unbekannte Berater bekamen den Satz von renommierten internationalen Unternehmen. Es musste schnell gehen, hieß es damals in der Führung der Treuhand, denn die Betriebs- und Produktionskosten der noch nicht verkauften Betriebe mussten finanziert werden. Ihr Sprecher Wolf Schöde zum Vorwurf der Geldverschwendung: »Wir verkaufen Zeit.« Die Treuhand wurde zum 30. Dezember 1994 aufgelöst, die restlichen Geschäfte übergab sie der »Bundesanstalt für vereinigungsbedingte Sonderaufgaben«.

Detelev-Rohwedder-Haus
Wilhelmstraße 97, 10117 Berlin-Mitte
U-Bhf. Mohrenstraße (U 2); Bus 148, 200, 348

Atombunker unter dem Kurfürstendamm

41

Bunkerraum zehn Meter unter der Erde

Kein Zeichen, kein Hinweisschild – nichts deutet darauf hin, dass unter dem Kurfürstendamm einer der größter Atomschutzbunker Deutschlands liegt. Im zweiten Untergeschoss der Tiefgarage Kurfürstendamm/Ecke Uhlandstraße, zehn Meter unterhalb der Erdoberfläche, gibt es Platz für 3.592 Menschen, die hier im Fall eines Nuklearschlags gegen die Stadt Zuflucht finden können.

1973, während des Kalten Krieges erbaut, sollte der Bunker zumindest einen kleinen Teil der Bevölkerung im Ernstfall vor den tödlichen Strahlen schützen. Aus Angst vor einem atomaren, chemischen oder biologischen Angriff seitens der Sowjetunion war der Berliner Senat von den westlichen Alliierten bereits im Oktober 1965 verpflichtet worden, entsprechende Maßnahmen zum Schutz der Zivilbevölkerung zu ergreifen. Daher bezuschusste die Regierung den 2.500 Quadratmeter großen Bau, der in Friedenszeiten auch als Parkgarage genutzt werden kann, mit umgerechnet 800 Euro pro Bett, also insgesamt 2.873.600 Euro. Er war einer von 16 Bunkern im damaligen West-Berlin, die mit ihren insgesamt 25.000 Plätzen allerdings nur einem Prozent der Berliner hätten Schutz bieten können. »Die Schutzräume werden«, wie es damals im Tagesspiegel hieß, »in Stadtbereichen mit starkem Verkehrsaufkommen angelegt. Sie sollen im Notfall ausschließlich Passanten dienen, die sich weitab von ihrer Wohnung befinden.« Auch heute, nach dem Untergang der Sowjetunion, ist eine Nutzung des Bunkers unter dem Kurfürstendamm noch für den Ernstfall vorgesehen. Vom Land Berlin verwaltet, lässt sich der Schutzraum innerhalb von zwei Wochen herrüsten. Dann werden die Betten aus dem Lager geholt, die Lebensmittel aus den umliegenden Supermärkten, Medikamente, medizinische Geräte und Verbandsmaterial aus den Apotheken. Die Tankanlage des Bunkers fasst 13.000 Liter Diesel und 150 Liter Schmieröl als Treibstoff für das Notstromaggregat sowie 136.000 Liter Leitungswasser. Vierzehn Tage können sich die Menschen maximal in dem Bunker aufhalten, nur so lange sind die Luftfilter funktionstüchtig. Platzreservierungen gibt es nicht, die ersten kämen hinein, ohne Ansehen der Person.

Das Prozedere ist streng reglementiert: An der vorderen Zugangstür, durch die nur jeweils eine Person gehen kann, werden die Hereinkommenden gezählt und gelangen dann in eine von vier Schleusen. Befinden sich zwanzig bis dreißig in einer Schleuse, wird sie hydraulisch zugefahren. Erst danach gelangen sie durch eine weitere bis dahin verschlossene Tür in den Bunker. Wäre die Stadt schon verstrahlt, müssten alle, bevor sie die Schleuse verlassen, erst duschen und sich neue Kleidung anziehen, die sie vor Ort erhalten. Anschließend könnten die nächsten von außen in die Schleuse eintreten.

Die Lebensbedingungen im Bunker wären nicht gerade komfortabel: Die Luftfilteranlagen haben eine Leistungsfähigkeit von 1,8 Kubikmeter pro Stunde. Zum Vergleich: Die Belüftungsanlagen von Konferenzräumen müssen heute ungefähr 40 Kubikmeter pro Stunde säubern.

Die Raumtemperatur betrüge aufgrund der vielen Menschen 32 °C, die Luftfeuchtigkeit 90 Prozent. In einer kleinen Küche, ausgestattet mit zwei Kochern, zwei Klappstühlen, einem Wasserboiler mit einem Volumen von 60 Litern und einer acht Quadratmeter großen Regalfläche, kann warmes Essen für Kranke, Kleinkinder und ältere Menschen zubereitet werden. Für alle anderen gibt es nur kalte Mahlzeiten. Über eine Brunnenanlage wird aus 40 Metern Tiefe Wasser gepumpt. Für den Fall, dass die Anlage ausfällt, sind 2,5 Liter pro Person und Tag eingelagert. Der Bunker ist an das Stromnetz der Stadt angeschlossen – sollte das nicht mehr funktionieren, sorgt ein Notstromaggregat mit einem 185-PS-Dieselmotor aus dem Schiffsbau dafür, die Belüftung und Beleuchtung in der Anlage sicherzustellen. Über eine der vier Schleusen müssen die Menschen nach spätestens 14 Tagen den Bunker wieder verlassen – unabhängig davon, wie verseucht die Stadt ist.
Die Erlebnisausstellung »The Story of Berlin« hat einen Teil der Fläche angemietet und veranstaltet täglich Führungen durch den Bunker.

The Story of Berlin
Kurfürstendamm 207–208/Ecke Uhlandstraße, 10719 Berlin-Wilmersdorf, Tel. 88 72 01 00
www.story-of-berlin.de
U-Bhf. Uhlandstraße (U 15); Bus X10, 109, 110, 119, 129, 219
Geöffnet täglich 10–20 Uhr (Einlass bis 18 Uhr)
Eintritt: Bunker 2,60 €, Erlebnisausstellung und Bunker 9,30 €

Invalidenfriedhof – der traurigste Ort Berlins

42

Grabdenkmäler auf dem Invalidenfriedhof

Es ist der vielleicht traurigste Ort Berlins – der Invalidenfriedhof in Berlin-Mitte, direkt am Berlin-Spandauer Schifffahrtskanal gelegen. Kein anderer der 250 Berliner Friedhöfe erzählt auf vergleichbare Weise deutsche Geschichte, auf keinem anderen Friedhof wurden die Toten so oft in ihrer Ruhe gestört. In seiner Historie spiegelt sich die Zerrissenheit des Landes und der Stadt wider. Noch heute steht hier ein Originalstück der Hinterlandmauer, die West- und Ost-Berlin 28 Jahre trennte, sie verlief quer über diesen Friedhof.
Die Geschichte des Friedhofs begann 1748. König Friedrich II. ließ das Invalidenhaus mit dem daran angrenzenden Invalidenfriedhof errich-

ten. Das Invalidenhaus – heute ist in dem inzwischen stark veränderten Gebäude das Bundesministerium für Wirtschaft und Arbeit untergebracht – war einst Unterkunft für die »lahmen Kriegsleut«, also für kriegsverletzte Soldaten gedacht, die dort bis ins hohe Alter gepflegt wurden und, wie Kaiser Napoleon es in Anlehnung an die damals üblichen Matratzen nannte, den »Strohtod« starben, das hieß im Bett.

Der Invalidenfriedhof wurde bald zu einer ruhmreichen Ruhestätte für hochrangige Militärs; verdiente Generäle sind hier begraben, Piloten und Kriegshelden. Auch Walter Stöckel (1871–1961) liegt hier, der berühmteste deutsche Frauenarzt des letzten Jahrhunderts, und Karl Friedrich Friesen (1874–1814), ein enger Mitarbeiter »Turnvater Jahns« und Gründer der ersten Schwimmschule in Berlin. Sein Grabmal, ein mannshohes Eisernes Kreuz, ist frisch vergoldet.

Ab 1850 galt es als besondere Ehre, auf dem Invalidenfriedhof beerdigt zu werden. Wer dies wollte – ohne Invalide, Anwohner oder preußischer General zu sein –, der musste wenigstens Träger des »Roten Adlerordens« oder des »Pour le Mérite« sein. Natürlich fanden auch die »Direktoren« und Mitglieder der »Oberkriegskollegien« hier ihre letzte Ruhe. Auf zahlreichen der noch vorhandenen 230 Grabsteinen sind die Titel gut lesbar. Das berühmteste Grabmal ist das für Gerhard Johann David von Scharnhorst (1755–1813). Er war in den Zeiten der napoleonischen Kriege Generalstabschef der preußischen Armee. Auf Scharnhorsts Grabmal, entworfen von dem Architekten Karl Friedrich Schinkel, sind Szenen aus dessen Leben dargestellt. Das Monument hat die Zeitläufte gut überstanden.

Bei den Feuergefechten gegen Ende des Zweiten Weltkriegs zwischen der Roten Armee und den eingekesselten Resten der Wehrmacht war der Invalidenfriedhof »Hauptkampflinie«. Noch heute sind an den verbliebenen Grabsteinen und Mauern die Spuren sichtbar. Nach Kriegsende beschlagnahmten die Alliierten den Friedhof. Auf Befehl ihrer Kontrollbehörde mussten alle militärischen und nationalsozialistischen Denkmäler aus dem Zeitraum der beiden Weltkriege zerstört werden.

Die DDR erklärte den Friedhof mit dem Bau der Mauer am 13. August 1961 zum Sperrgebiet. Elf Tage nach dem Mauerbau, am 24. August 1961, wurde hier Günter Litfin von DDR-Grenzsoldaten erschossen, als

er versuchte, durch den Humboldthafen in den Westsektor zu schwimmen. Günter Litfin war der erste Tote an der Berliner Mauer. In den folgenden Jahren wurde die Mauer samt Todesstreifen, Wachtürmen, Absperrgittern, Laufanlagen für Wachhunde, Schießanlagen und Scheinwerfern auf dem Friedhof errichtet. So verschwanden zum Beispiel die Gräber des Jagdfliegers Manfred von Richthofen (1892–1918) und des Reichswehrgenerals Hans von Seeckt (1866–1936).
Seit dem Fall der Mauer ist der Invalidenfriedhof für die Öffentlichkeit wieder zugänglich. Von den rund 3.000 Gräbern, die vor dem Mauerbau im August 1961 noch existierten, sind knapp 300 erhalten geblieben. Sie stehen seit 1990 unter Denkmalschutz und vermitteln einen Überblick über die Grabkultur der vergangenen 250 Jahre – aus der Zeit des Klassizismus, der Epoche des Jugendstils oder der Neuen Sachlichkeit. Außer dem Stück Mauer ist auch die Asphaltdecke über den Gräbern erhalten geblieben, auf der seinerzeit die DDR-Grenztruppen mit ihren Trabis fuhren.
Wenige Meter neben dem Friedhof, gleich hinter dem neu gebauten Wohnhaus, steht noch ein Wachturm der DDR-Grenze. Der Bruder des ersten Mauertoten, Jürgen Litfin, richtet hier eine Gedenkstätte für die Maueropfer der DDR ein. Sie soll im Frühjahr 2004 eröffnet werden.

Invalidenfriedhof
Scharnhorststraße 25, 10115 Berlin-Mitte
www. foerderverein-invalidenfriedhof.de
U-Bhf. Schwartzkopffstraße (U 6), Bus 147
Geöffnet April bis September 7–21.30 Uhr, Oktober bis März 8–18.30 Uhr. Führungen nach Anmeldung, Tel. 525 16 05

Gedenkstätte Günter Litfin
Kieler Straße 2, 10115 Berlin-Mitte
Tel. 23 62 61 83; geöffnet Dienstag und Donnerstag 12–16 Uhr und Samstag 13–15 Uhr

Klaus Wowereit

Kollwitzplatz – Berlins zweite Gründerzeit

43

Sommerabend am Kollwitzplatz

Das Herz von Berlin schlägt an vielen Orten der Stadt. Aber kaum irgendwo so vernehmlich wie rund um den Kollwitzplatz. Woran das liegt, erschließt sich erst auf den zweiten Blick. Gewiss: Hier reihen sich zahlreiche kleine, feine Läden, Cafés, Bars, Restaurants und Galerien aneinander. Aber die gibt es auch anderswo. Und die schmucken Gründerzeitfassaden findet man in ähnlicher Schönheit auch an anderen Stellen der Stadt. Der berühmte Szenefaktor? Der ist rund um den Kollwitzplatz hoch. Aber das können auch die angesagten Viertel in Prenzlauer Berg, Berlin-Mitte oder Friedrichshain für sich in Anspruch nehmen.

Auch ist es nicht so, dass Reiseführer die Unwahrheit sagen, wenn sie von der Schönheit, dem Flair und dem malerischen Charme des Kollwitzplatzes schwärmen. Aber das trifft die Sache nur halb.

Am besten, man nähert sich dem Kollwitzplatz zu Fuß. Vom Alexanderplatz kommend betritt man hinter dem Senefelderplatz die Kollwitzstraße. Und schon gerät man ins Staunen. Zunächst breitet sich vor einem ein namenloses Nichts aus: eine zuwuchernde Brache mit einem verfallenden Flachbau aus DDR-Zeiten, eingerahmt von ein paar grauen Mietshäusern. Das soll interessant sein? Ja, das ist es. Dazu später mehr. Ein paar Schritte weiter hat sich die Szenerie komplett verändert. Platanen schließen sich über der Kollwitzstraße zusammen, links und rechts laden sanierte Altbauten mit Lokalen und Geschäften zum Flanieren ein. Mit diesem fast mediterranen Flair beginnt der eigentliche Kollwitzkiez. Und damit eine spannende Mischung aus Wohnen, Leben und Arbeiten mitten in der Stadt.

Dass es sich hier bestens leben lässt, ist ein kleines Wunder. Denn noch vor zehn Jahren bildeten die Kiezquartiere im Prenzlauer Berg das größte Sanierungsgebiet Europas. In den verfallenden Altbauten boten Kohleöfen, Außentoiletten und fehlende Badezimmer eine wenig anheimelnde Romantik.

Seither ist viel geschehen. Mit einer gemeinsamen Kraftanstrengung haben der Senat, private Eigentümer und die Anwohner den Kollwitzkiez gemeinsam behutsam saniert und zu seiner heutigen Blüte verholfen. Nicht erst seit der damalige US-Präsident Bill Clinton mit Bundeskanzler Gerhard Schröder spontan im Restaurant Gugelhof einkehrte, ist der Kollwitzplatz eine Touristenattraktion.

Das Geheimnis liegt nicht allein in der gelungenen Sanierung. Es liegt in den Menschen, die hier wohnen – einer Mischung aus alteingesessenen und neu hinzugezogenen Bewohnern. Von Anfang an wurde bei der Modernisierung dieses Kiezes Wert darauf gelegt, dass die Mieten möglichst bezahlbar bleiben. So entstand ein spannendes, zuweilen auch spannungsvolles Miteinander von Alt und Neu. Natürlich bleiben Konflikte nicht aus. Nicht jeden Alteingesessenen tröstete ein neues Bad und eine funktionierende Zentralheizung über die großen Veränderungen in seinem Kiez hinweg.

Klaus Wowereit

Und doch ist es gerade dieses Neben- und Miteinander von Alt und Neu, das dem Kollwitzplatz sein typisches Gepräge verleiht. Inzwischen sieht man auch immer mehr Väter und Mütter mit Kinderwagen auf den Straßen. Dass ein zentral gelegenes Altbauviertel mit hohem Szenefaktor besonders attraktiv auch für Familien wird, ist nicht selbstverständlich und eine schöne Bestätigung der Sanierungspolitik.

Noch ist nicht alles fertig. Noch finden sich mancherorts Spuren des Verfalls – wie die Brache am südlichen Teil der Kollwitzstraße. Aber eben das macht den Kollwitzkiez auch zu einem typischen Stück Berlin. Hier ist noch nicht alles bis zum Letzten geregelt. Es gibt noch weiße Flecken, Freiräume für kreative Konzepte.

Berlin ist eine Stadt im Aufbruch. Kaum ein Ort symbolisiert diese Entwicklung besser als der Kollwitzplatz im Bezirk Prenzlauer Berg. Hier hat der Wandel Tradition. Wo heute ein einzigartiges urbanes Flair herrscht, war vor 150 Jahren vorwiegend Ackerland. Dann setzte die Industrialisierung ein, und Anfang der 1920er Jahre, als der Berliner Verwaltungsbezirk Prenzlauer Berg entstand, war diese Gegend die mit der dichtesten Besiedlung von ganz Berlin.

Damals lebten hier Arbeiter und Künstler Tür an Tür. In der DDR-Zeit hat sich in den verfallenden Quartieren eine lebendige Kultur- und Oppositionsbewegung wohl gefühlt. Mancher Fahrrad- oder Buchladen rund um den Kollwitzplatz wird heute von einem Protagonisten des Herbstes 1989 betrieben. Auch Bundestagspräsident Wolfgang Thierse ist seinem Kiez bis heute treu geblieben.

Von den historischen Wurzeln künden noch zahlreiche, an den Deutsch-Französischen Krieg von 1870/71 erinnernde Straßennamen. Und auch die imposanten gründerzeitlichen Wirtschaftsgebäude. In der riesigen, nahe dem Kollwitzplatz gelegenen ehemaligen Schultheiss- und heutigen Kulturbrauerei fühlen sich inzwischen zahlreiche Kultureinrichtungen, Büros und Läden heimisch. Und der eine Straßenecke vor dem Kollwitzplatz gelegene Wasserturm, Teil der ersten Wasserversorgungsanlage Berlins, dient heute als originelles Wohnquartier.

Auch die Spuren jüdischen Lebens sind präsent. Zwischen Kollwitzplatz und Schönhauser Allee liegt der Jüdische Friedhof – ein Monument deutsch-jüdischer Geschichte. Die verwitterten Grabsteine betrauern hochangesehene Reichstagsabgeordnete, Oberregierungsräte, Stadtverordnete und Ärzte. Hier ruhen Berühmtheiten wie Leopold Ullstein, Giacomo Meyerbeer, Abraham Geiger und Max Liebermann – die drei letzteren in einem Berliner Ehrengrab. Die Spuren der Verwüstung sind noch heute sichtbar und geben dem Jüdischen Friedhof eine beklemmende Aura.
Aber auch neues jüdisches Leben regt sich am Kollwitzplatz wie in ganz Berlin. Im Komplex um die 100 Jahre alte Synagoge in der Rykestraße bildet die amerikanische Lauder Foundation seit 1999 jüdische Lehrer aus. Aufbruch ist auch hier die Devise.

→

Kollwitzplatz
10435 Berlin-Prenzlauer Berg
U-Bhf. Senefelderplatz (U 2)
Jüdischer Friedhof
Schönhauser Allee 22–25
10435 Berlin-Prenzlauer Berg
U-Bhf. Senefelderplatz (U 2)

Personenregister

Die Autoren

Andrea Steingart lernte Werbekauffrau, arbeitete für verschiedene internationale Agenturen in Hamburg, London und Seattle und lebt heute als freie Autorin in Berlin.

Rudi-Marek Dutschke, Sohn des 1979 verstorbenen Studentenführers Rudi Dutschke.

Hans Halter war Reporter des »Spiegel« und lebt heute als freier Autor in Berlin.

Klaus Hartung ist Redakteur im Bereich Politik im Hauptstadtbüro der »Zeit« und ein exzellenter Kenner Berlins.

Wolfgang Huber ist der Bischof der Evangelischen Kirche Brandenburg-schlesische Oberlausitz und Ratsvorsitzender der Evangelischen Kirche in Deutschland.

Renate Künast ist Bundesministerin für Verbraucherschutz, Ernährung und Landwirtschaft.

Günter Schabowski war Politbüro-Mitglied der SED und Erster Sekretär der SED-Bezirksleitung Berlin.

Michael Sommer ist Vorsitzender des Deutschen Gewerkschaftsbundes.

Manfred Stolpe ist Bundesminister für Verkehr-, Bau- und Wohnungswesen.

Klaus Wowereit ist der Regierende Bürgermeister von Berlin.

Danksagung

Ich danke dem leidenschaftlichen Berliner Hans Halter für seine Unterstützung, meiner Lektorin Antonia Meiners für ihr Engagement und den Mitautoren für ihre interessanten Beiträge.